Comentarios positivos sobre el último libro de Alexander Odishelidze, *Pago a la Orden de Puerto Rico*

"*Conviene que nos preguntemos qué futuro estatus político es mejor para Puerto Rico. Este libro responde a esa pregunta y a otra: ¿qué estatus también es mejor para los Estados Unidos?*".

Robert J. Lagomarsino
Exrepresentante de los EE. UU. por California
Miembro de alto rango del Subcomité de Asuntos Territoriales

"*Así como Art Laffer ayudó a iniciar una revolución de pensamiento sobre los impuestos en el continente hace más de veinticinco años, él y Alex Odishelidze iniciarán un debate nacional sobre la relación entre los Estados Unidos y Puerto Rico. Pago a la Orden de Puerto Rico es un libro importante para entender las raíces y consecuencias de una política económica fallida*".

El honorable Jack Kemp

"*El libro del Sr. Odishelidze revela las consecuencias económicas y sociales de la confusa y ambigua política de estatus territorial que el Congreso ha implementado para Puerto Rico... Cuanto antes se implemente mejor, para lograr una culminación ordenada del progreso político de Puerto Rico de territorio a estatus permanente*".

Richard Thornburgh
Exfiscal general de los Estados Unidos

UN BESTSELLER DEL *WALL STREET JOURNAL* Y DEL *USA TODAY*

LA ÚLTIMA FORTALEZA DE AMÉRICA

LA SOBERANÍA DE PUERTO RICO, EL CINTURÓN Y LA RUTA
DEL CARIBE DE CHINA, Y LA SEGURIDAD NACIONAL DE ESTADOS UNIDOS

ALEXANDER ODISHELIDZE

PRÓLOGO DE **CARLOS A. CHARDÓN,** EXDIRECTOR DE LA SBA
PARA EL CARIBE Y EXSECRETARIO DE EDUCACIÓN DE PUERTO RICO

Copyright © 2025 Alexander Odishelidze
Publicado por Omanagement LLC/División de Publicaciones

Todos los derechos reservados. Ninguna parte de esta publicación impresa o en formato electrónico puede ser reproducida, almacenada en un sistema de recuperación, o transmitida en cualquier forma o por cualquier medio, electrónico, mecánico, fotocopia, grabación, o cualquier otro sin el permiso previo por escrito del editor.

El escaneo, carga y distribución de este libro sin permiso constituye un robo de la propiedad intelectual del autor. Gracias por su apoyo a los derechos del autor.

Edición, diseño y distribución por Bublish, Inc.

Disponible en librerías y bibliotecas a través de Ingram.

ISBN: 979-8899890-38-3 (eBook)
ISBN: 979-8899890-39-0 (tapa blanda)
ISBN: 979-8899890-40-6 (tapa dura)

Datos de catalogación de la editorial
(Preparado por The Donohue Group, Inc.)

Nombres: Odishelidze, Alexander, autor.
Título: La última fortaleza de Estados Unidos: la soberanía de Puerto Rico, el Cinturón y Ruta del Caribe de China y la seguridad nacional de Estados Unidos / Alexander Odishelidze.
Descripción: [Puerto Rico]: [Omanagement LLC/División de Publicaciones], [2022] | Incluye índice.
Identificadores: ISBN 9781647045159 (tapa dura) | ISBN 9781647045142 (tapa blanda) | ISBN 9781647045135 (ebook)
Temas: LCSH: Puerto Rico--Relaciones económicas exteriores--China. | Puerto Rico--Relaciones económicas exteriores--Área del Caribe. | Puerto Rico--Política y gobierno. | Estados Unidos--Relaciones exteriores--China. | Yi dai yi lu (Iniciativa: China) Seguridad nacional--Estados Unidos.
Clasificación: LCC HF1506.15.C6 O35 2022 | DDC 337.7295051--dc23

Dedicatoria

QUIERO DAR LAS GRACIAS A QUIENES HAN ESTADO MÁS CERCA DE MÍ durante el proceso de elaboración de este libro, mi familia más cercana. Gracias a mi mujer desde hace 25 años, Odette, que es mi mejor amiga y compañera de toda la vida. Como una auténtica campeona, siempre me ha dado el apoyo que he necesitado, tanto en los negocios como en la vida. También, por supuesto, gracias a mi hijo mayor, Sasha, a mi hijo pequeño, Michael, y sobre todo a mi nieta Allie, que es una auténtica campeona por derecho propio gracias a su campaña política en las redes sociales. Mis respetos para nuestra generación más joven. Sé que volverán a hacer de este mundo un lugar justo.

Contents

Prólogo ix

CAPÍTULO 1	Asiento de primera fila en la táctica china para el Caribe...	1
CAPÍTULO 2	Cómo llegamos a esta encrucijada	13
CAPÍTULO 3	Una historia popular de Puerto Rico...................	21
CAPÍTULO 4	Descifrando las finanzas de Puerto Rico	35
CAPÍTULO 5	El proyecto de ley Young.....................................	45
CAPÍTULO 6	Posesiones	53
CAPÍTULO 7	Autodeterminación	63

Epílogo 71

Agradecimientos 79

Sobre el autor 81

Sobre Carlos A. Chardón 83

Pies de foto 85

Recuadros 87

Prólogo

Escrito por Carlos A. Chardón

HE AQUÍ LAS RAZONES, ALGUNAS DEL CORAZÓN Y OTRAS DEL ENTENdimiento, que me llevaron a aceptar el argumento del autor de que Puerto Rico es la última fortaleza que le queda a Estados Unidos en el Caribe. También comparto algunas notas sobre las fuerzas que le dan un equilibrio inestable a Puerto Rico, como si estuviera apoyado en una pared que se desmorona mientras espera la unión permanente con la nación, sabiendo que un ligero cambio, un bandazo, podría hacernos caer.

Si los isleños hubieran conocido *Hojas de hierba*, podrían haberle hecho caso a la advertencia de Sandburg sobre el gobierno federal:

> A los Estados, o a cualquiera de ellos, o a cualquier ciudad de los Estados, ¡resistan mucho, obedezcan poco! ¡Resistan mucho! ¡Resistan! Una vez sometida a una obediencia incondicional, una vez esclavizada por completo, ninguna nación, estado o ciudad de esta tierra recupera jamás su libertad. ¡Resistan! ¡Resistan!

Nada es gratis. Todo tiene un precio, y no siempre es dinero. Cuanto más quieres algo, más estás dispuesto a sacrificarte por ello. La estadidad cuesta, la independencia cuesta, igual que nos cuesta lo que queda de la Commonwealth. Los independentistas y los partidarios de la estadidad como yo nos alegramos cuando Estados Unidos la desmanteló; todos pagamos el precio de su pérdida. Localmente, hicimos todo lo posible para empujar al ELA de su percha en el muro. Ahora, Puerto Rico está en bancarrota y el Estado Libre Asociado también.

Su destrucción debería haber dado su merecido a los EE. UU., ya que una vez tuvo precio en las relaciones exteriores. Pero no fue así. El fin del ELA se produjo tras la caída del Muro de Berlín, por lo que a EE. UU. apenas le sirvió en el nuevo mundo. Su valor se perdió. Los isleños no se han dado cuenta del todo de este asunto.

En este nuevo mundo, tras la caída de Cuba, Venezuela y Nicaragua, la posibilidad de que Honduras y Colombia hagan lo propio en un futuro próximo, Ecuador y México asolados por señores de la droga, Haití cada vez más dominado por gánsteres—con la tendencia histórica de que su población se desborde hacia República Dominicana—y con el regreso de Lula a Brasil, Puerto Rico, al ser un territorio estadounidense, es de hecho la última fortaleza del poder militar estadounidense, pero también del modo de vida estadounidense.

Todo cambio tiene un costo. Pero intentar no cambiar, permanecer en el muro, como hizo Puerto Rico durante setenta años, también tuvo un costo. Fue inmenso: nuestras acciones nos llevaron a la bancarrota del gobierno, un precio muy alto. Habíamos sido advertidos de esta posibilidad por estudios realizados por instituciones y expertos internacionales.

La rápida pérdida de población de Puerto Rico, resultado de la emigración, particularmente de jóvenes, y, además, la reducción de la tasa de natalidad, que pasó a ser significativamente menor que la tasa de reproducción de la sociedad, fueron una sorpresa. Tras cien años de gestión gubernamental de la población, el resultado no se hizo esperar, espoleado no solo por la ralentización de la economía, sino por huracanes y terremotos. Oscar Wilde habría dicho que los dioses querían castigarnos concediendo nuestros deseos.

El mensaje estaba escrito en la pared que se desmoronaba, pero no supimos leerlo: los jóvenes de Puerto Rico empezaron a dudar de la capacidad de la isla para darles apoyo y cobijo en la década de 1980, lo que provocó su emigración al centro de Florida. Deberíamos haber esperado que un gobierno deficiente que prestaba servicios deficientes les impediría tener más de dos hijos, si es que tenían alguno. Nos equivocamos. La migración de personas sanas en edad reproductiva aumentó a medida que nuestra economía entraba en una espiral descendente.

Estos vectores, pero también las deficientes instalaciones de educación pública y la falta de vivienda, están convirtiendo a Puerto Rico en un gigantesco almacén de viejos a los que nadie quiere ni atiende. Los ancianos tienen mucho amor que dar, pero sus ingresos son limitados: necesitan servicios que pueden ser extremadamente caros. El gobierno no podrá atenderlos y la economía seguirá un curso que pondrá a la isla al nivel de Haití pero despoblada. Una buena planificación gubernamental apunta a lo mejor, pero se prepara para lo peor. Aun así, no todo está perdido.

El argumento de Alex Odishelidze es que en el mundo actual existe una alternativa claramente viable, y otra menos viable pero real, sin embargo, al igual que durante la Guerra Fría, los enemigos del modo de vida puertorriqueño y estadounidense están al acecho para ganarse el apoyo de los descontentos, los desesperados y los descorazonados, los que cada vez se quedan más rezagados en Puerto Rico. Las fuerzas que reclaman a los descorazonados son Rusia, Irán y China: una confederación del caos. En el otro bando, el nuestro, hay una confederación de zopencos que perdieron el sentido de su propósito y renunciaron a su tarea de velar por el mundo libre. Están sembrando el caos en todo el mundo.

Para Odishelidze, la primera alternativa, la claramente viable, es la estatalidad, y la segunda es la independencia, con la incertidumbre que siempre ha generado. Aunque los líderes del movimiento independentista, como los de todos los partidos políticos de Puerto Rico, se han desanimado, siguen queriendo lo mejor para la nación.

Siento que los EE. UU. les ha fallado a veces, otros creen que nos ha fallado constantemente. El corazón tiene sus razones, y también puede ser un cazador solitario.

Para los solitarios, a menos que sean rescatados del malestar político que afecta a quienes se sienten dejados de lado, el mundo tiene un significado distinto al nuestro. Detrás de la tragedia de Cuba, que a principios de marzo de 2024 no tenía leche para los niños, mientras su gobierno alquila a sus médicos y soldados para las luchas contra Ucrania a cambio de que el Estado comparta sus salarios, está el embargo de EE. UU. Para los que apoyan a Maduro en Venezuela, que perdió una quinta parte de su población al exilio voluntario por las condiciones de vida, EE. UU es el culpable. De un modo u otro, Ortega culpará a Estados Unidos de la necesidad de expulsar a sacerdotes y pastores en Nicaragua.

Para un número cada vez mayor de habitantes del mundo, el imperio del mal que el expresidente Reagan había atribuido a Rusia, ahora somos nosotros. Nuestra política exterior ha hecho poco por disipar esa idea. El Senado estadounidense se ha ocupado de la política exterior, y parece que va camino a abandonar a Ucrania del mismo modo en que abandonamos a nuestros aliados en Afganistán. La destrucción de Gaza, donde el ejército israelí ha arrasado la parte norte del territorio, solo es posible gracias a nuestro apoyo militar a Israel, no a los soldados que lo llevan a cabo.

Nuestra estructura social y económica sigue atrayendo a millones de inmigrantes a nuestras fronteras, a los que repelemos, del mismo modo que apartamos a la tifoidea María por ser portadora de muerte, pero por un motivo distinto: la búsqueda de votos electorales. No serán pocos los isleños que acabarán preguntándose: *¿cuándo llegará nuestro momento? ¿Por qué no abandonar el barco antes de que se hunda?*

Nuestra posición internacional se deteriora rápidamente. Nuestra devoción por los valores que decimos defender en cada elección es efímera. Nos conformamos con preguntarnos: "¿qué ha hecho el Otro, China, por nosotros?".

Si los hombres fueran ángeles... ¿Podemos aceptar que no somos un convento de Hermanas de la Caridad dirigido por una santa madre superiora? ¡No somos ángeles! Después de todo, fue el expresidente James Madison quien dijo: "Si los hombres fueran ángeles, no sería necesario ningún Gobierno... Primero hay que capacitar al Gobierno para que controle a los gobernados; y, en segundo lugar, obligarle a que se controle a sí mismo".

¿Nos hemos controlado a nosotros mismos?

Durante demasiado tiempo hemos contemporizado con autócratas y dictadores. Es más, el espíritu de venganza de nuestros dirigentes es motivo de celebración en la población. ¿Por qué se acepta este espíritu en ellos y no en los solitarios y descorazonados?

Examinemos a los defensores de la estadidad.

Hay un grupo considerable de ellos que no se sienten estadounidenses; se atragantan cuando un político del Norte les pregunta: "¿es usted estadounidense?". Se salen con la suya respondiendo: "soy ciudadano americano", cuando les gustaría contestar: "puertorriqueño, para que lo sepas". Prefieren lo primero porque es lo menos costoso en las relaciones interpersonales. Hacerse estadounidense es demasiado arriesgado. ¿Y si el Congreso dice no a la estadidad? Hombre prevenido vale por dos.

Veamos la importancia de la seguridad y la comida, y luego juguemos con los sentimientos. Este tema impregna el libro de Odishelidze: poner en peligro la seguridad y la alimentación por un sentimiento, por más profundo que sea—la identidad—-, es lo que está en juego hoy en día. La seguridad y la alimentación son cuestiones de vida o muerte, pero la identidad es una necesidad que nace del alma. Si no se cuida, el ser humano se convierte en un zombi.

También es una cuestión de vida o muerte para un grupo pequeño pero influyente en la política y la economía: los que fueron abogados de las empresas que se dieron un festín con la Sección 936. Ahora sirven a empresas extranjeras controladas, a sus accionistas y a sus clientes. Ahora sirven a corporaciones extranjeras controladas, a sus sucesores, y manejan los intereses de los individuos que se organizaron bajo las leyes 20 y 22, y más tarde 60, presentadas por el Partido Nuevo Progresista. Gestionan el capital, los impuestos y las inversiones que provienen de esta exención fiscal de los últimos tiempos.

Tienen todo el derecho a trabajar dentro del marco legal, a ganar todo el dinero que puedan ganar, también dentro de la ley. Si el proceso requiere desgastar los intereses de un legislador del partido estadista, o de un cargo electo autonomista o independentista, es mérito suyo hacerlo, porque es legal. El dinero para campañas entra en una zona gris.

La política. Puerto Rico ha vuelto al juego de alternativas de futuro que caracterizó a la relación del ex presidente Jimmy Carter con Puerto Rico, pero con una diferencia: es un mundo feliz. Antes, las alternativas eran las de Carter en un mundo donde e Estados Unidos tenía la hegemonía indiscutible. Ahora, las alternativas son definidas por la coalición de países que quieren arrebatarle la hegemonía a Estados Unidos: China, Rusia e Irán. No solo ha cambiado el mundo, sino también la nación: las enormes luchas políticas entre republicanos y demócratas no permiten reexaminar con seriedad y respeto el reclamo de Puerto Rico por una solución permanente. Los partidos políticos nacionales no están menos absortos en sus problemas que en los de Puerto Rico. Hay un tremendo cambio en las alianzas con los bloques de votantes tradicionales y dentro de ellos.

El entendimiento que llevó al proyecto Young mencionado por Odishelidze y el compromiso del congresista Don Young están ahora enterrados con sus huesos. Puerto Rico no aprovechó la apertura de hace veinticinco años. Desde entonces, la erosión del Estado Libre Asociado por decisiones de los tribunales federales y leyes aprobadas por el Congreso y el presidente, como PROMESA (Ley de Supervisión, Administración y Estabilidad Económica de Puerto Rico), han alterado la relación entre Puerto Rico y Estados Unidos.

En los últimos siete años, el Tribunal Supremo de los Estados Unidos ha producido una nueva generación de Casos Insulares: Puerto Rico vs. Sánchez Valle (2016), Puerto Rico vs. Franklin California Tax Free Trust, Financial Management and Oversight Board vs. Aurelius Investment (2019), y U.S. vs. Vaello-Madero (2022). Junto con PROMESA, estos casos demuestran los poderes omnímodos del Congreso para discriminar a los ciudadanos por motivos raciales, geográficos y nacionales. Como comentó el juez asociado Neil Gorsuch en su opinión concurrente en Vaello-Madero, los casos insulares no tienen base en la Constitución y se basan en estereotipos raciales que no merecen un lugar en nuestro sistema legal. [1]

Atender la difícil situación política de tres millones de ciudadanos estadounidenses no es la prioridad de la nación, ya que hay más de cinco millones de inmigrantes y cientos de miles en México o de camino a la frontera esperando entrar. Y no hay forma de detenerlos fuera de deportaciones masivas que provocarían una fuerte condena, como la que hoy enfrenta Israel por sus acciones en Gaza.

Pero hay más. La presión sobre los políticos de la isla es inquebrantable. El presidente Donald Trump hizo un comentario que refleja la reacción al problema, en el que habló sobre la posibilidad de cambiar a Puerto Rico por la inmensa isla al este de Canadá, Groenlandia, que ahora es parte de Dinamarca.[2]

---

[1] Andrés L. Córdova Phelps, "Derechos civiles en territorio no incorporado", *El Nuevo Día*, 2 de mayo de 2023. Córdova preside el Comité Asesor de Puerto Rico para la Comisión de Derechos Civiles de EE. UU.

[2] Jared Gans, "Libro: Trump quería cambiar Puerto Rico por Groenlandia", *The Hill*, 16 de septiembre de 2022. El artículo dice que esta consideración se confirma en el libro The Divider: Trump en la Casa Blanca, 2017-2021, escrito por Peter Baker, *del New York Times*, y Susan Glasser, de la revista *New Yorker*. La idea de adquirir Groenlandia, irrisoria para el liderazgo mundial, contó con el apoyo de John Bolton, asesor de Seguridad Nacional de Trump, debido a su preocupación por el creciente poder de China.

El mundo no se detuvo para que ninguno se baje desde la época del expresidente Carter. Antes, la lucha era entre Estados Unidos, que tenía una base económica y militar extraordinariamente fuerte, y la Unión Soviética, con una base militar fuerte y una económica más débil. Era una lucha desigual. Hoy en día, hay dos leviatanes económicos, comerciales y militares extremadamente fuertes: Estados Unidos y China, que tiene algunas de las industrias más importantes del mundo y que está muy avanzada en el proceso de insertarse en las economías de América Latina (como hizo Estados Unidos durante el siglo XX). La Unión de Repúblicas Socialistas Soviéticas solo consiguió establecer lazos muy estrechos con Cuba; cuando intentó hacer lo mismo con Granada, Estados Unidos invadió el país, además de implicarse en el golpe de Estado en Chile que acabó con el régimen socializador de Allende.

Puerto Rico también ha cambiado. Ahora la lucha se libra entre radicalizados estadistas, independentistas y autonomistas cada vez más inclinados hacia una república soberana. En las elecciones de 2020, dos partidos que favorecen la separación de EE.UU. se acercaron, en su número total de votos, al autonomista, que a su vez representó el 1,6 por ciento de los votos del Partido Nuevo Progresista (estadidad).

Consecuencia necesaria de lo anterior es la entente cordiale del Partido Independentista con el Partido de la Victoria Ciudadana: un acuerdo para que todos los votos para la gobernación fluyan hacia el candidato más atractivo de ambos partidos.

¿Y por qué no podrían hacer lo mismo mediante un plebiscito, ya que el Partido Nuevo Progresista apoyó, a través de un proyecto de ley plebiscitaria en el Congreso, la posibilidad de una República Asociada con la ciudadanía? Esta opción contaría con el apoyo no solo de los partidos que han acordado candidatos comunes, sino también del Partido Popular Democrático, que, sumado a los otros dos, superaría el 50 por ciento y alcanzaría el 60 por ciento tan deseado por todos los que quieren un cambio, después de ciento veinticinco años de un gobierno que, si bien tiende a la tiranía, la mayor parte del tiempo ha sido indiferente a su futuro.

La primera parte del acuerdo está firmada y sellada. La segunda debe contar con el apoyo de Nydia Velázquez, congresista en la Cámara de Representantes por Nueva York, quien, junto con otra representante por el mismo estado, Alexandria Ocasio Cortés, pidió a finales de febrero de 2024 que Estados Unidos se deshiciera de la Doctrina Monroe, una política vigente desde hace doscientos años que impide la intervención en los países de América Latina por parte de los enemigos de Estados Unidos.

El plebiscito de apoyo a la República Asociada con ciudadanía estadounidense pondría fin al estancamiento en el apoyo local a un cambio de estatus. Hasta el último plebiscito, independientemente de los partidos políticos de Puerto Rico, la tendencia en los últimos setenta años ha sido un aumento del apoyo al mismo. ¿Por qué existe este respaldo, a pesar del fallido reconocimiento por parte de Estados Unidos de los puertorriqueños isleños como ciudadanos estadounidenses plenos? Tras el huracán María, medio millón de habitantes de Puerto Rico se trasladaron, algunos temporalmente y otros de forma permanente, a un estado de la Unión. Aunque la ciudadanía estadounidense permitió tal traslado, las relaciones familiares lo indujeron; dos de cada tres puertorriqueños viven en el Norte. La gran mayoría sigue hablando español.

Otra tendencia ha sido la de los autonomistas hacia la República Asociada, precisamente la opción que el comisionado residente aceptó poner en el actual proyecto plebiscitario en el Congreso. En las elecciones de 2020 hubo un cambio: el candidato a gobernador por los independentistas apenas mencionó la independencia en la campaña. Esto no es del todo nuevo. En la década de 1960, se hablaba de que la independencia llegaría a Puerto Rico "por la cocina", en silencio, no descaradamente por la puerta grande. Esta idea contó con el apoyo de uno de los grupos más brillantes de hombres y mujeres jóvenes reunidos por un partido. El grupo era conocido como "Los 22"; integraban el gabinete formal e informal del gobernador Roberto

Sánchez Vilella, que en ese entonces todavía estaba en el Partido Popular Democrático.

El ejercicio del gobierno es desgastante y brutal. Agota a quienes participan en él. En las pasadas elecciones, hubo una diferencia sustancial entre los estadistas que votaron en el plebiscito y los votos que recibió el Partido Nuevo Progresista; lo mismo ocurrió con el partido y movimiento autonomista. El partido estadista recibió cien mil votos menos que la estadidad en el plebiscito. No desaparecieron; solo se abstuvieron de los candidatos que dicen representar su ideal. Lo mismo ocurrió con los autonomistas, pero decenas de miles de ellos votaron a los candidatos independentistas. Los dos grandes partidos perdieron la capacidad de respuesta de Muñoz Marín y Luís A. Ferré y la cercanía de Rafael Hernández Colón, Carlos Romero Barceló y Pedro Rosselló. El siglo XXI ha sido desastroso para los partidos hegemónicos de Puerto Rico. El descontento es endémico. Así como la identidad es cada vez más líquida, también lo son los votos, pues están ligados a la idea que el individuo tiene de sí mismo. A Odishelidze le preocupa que se derrame fuera de una fórmula de unión permanente.

Hace años, este comportamiento era una excepción al comportamiento electoral en Puerto Rico. Hoy es completamente normal, porque, a lo largo de los años, los dos principales partidos políticos han encallado en su compromiso con una relación específica. Tres partidos tienen más de cincuenta años y no han propiciado los cambios necesarios: dos de ellos se han repartido y alternado en el poder durante todo ese tiempo. Los dos principales han perdido credibilidad; el rasgo redentor del tercero es que nunca había estado en el poder.

Se comportan como amos y señores de Puerto Rico, y Puerto Rico ya tiene suficientes problemas con Estados Unidos como para enfrentarse a otros amos. Se ataron a un comportamiento de otra época y a una población completamente diferente a la actual. Hablan otro idioma.

Hecho: los votos electorales de los principales partidos ya no están a la par con el apoyo plebiscitario. Los políticos de Puerto Rico y Estados Unidos deberían preocuparse. La gobernanza ha encallecido las manos de los políticos. Las mentes se endurecen y se agrietan con las exigencias brutales de personas que no tienen el poder y la autoridad finales para aportar soluciones. Sólo el Gobierno federal tiene este poder.

Este fenómeno es la desvinculación por parte de los políticos de las opciones de estatalidad, autonomía e independencia. Esto es lo que deseábamos, ¿o no?

Geopolítica. Puerto Rico es una frontera, como lo es Ucrania entre Rusia y la Europa libre. También lo es Gaza entre Israel y Egipto, específica y figuradamente, con los movimientos árabes radicalizados contra Estados Unidos. El factor dominante es geográfico: la posición de Puerto Rico en el Caribe.

Estoy de acuerdo con Mario Cancel[3], uno de los más prolíficos observadores de la política y la cultura de la isla: "La pérdida de relevancia geoestratégica de Puerto Rico tras la disolución del socialismo realmente existente y el desarrollo del neoliberalismo fueron determinantes" para el cambio de lenguaje sobre el estatus político en la década de 1990.[4] Sin embargo, como la naturaleza odia el vacío, el factor geoestratégico ha vuelto a imponerse en la isla, no por algo que se haya hecho a nivel local o nacional, sino porque China se ha convertido, a través de sus estrategias de inversión en América Latina—en además de la estrategia global ligada a la ruta comercial que atravesaba Asia para llegar a Europa, la misma que siguió Marco

---

[3] Mario Cancel, "Reflexiones: La discusión sobre el estatus y la condición de Estado tras el fin de la Guerra Fría", *En Rojo*, *Claridad* del 4 de mayo de 2021.

[4] Aunque los comentarios de Cancel son fiables, el artículo procede de una fuente con un sesgo que en Puerto Rico se reconocería como de izquierdas.

Polo hace casi novecientos años—, en el rival de Estados Unidos. Es más poderoso económica y militarmente de lo que nunca ha sido la Unión de Repúblicas Socialistas Soviéticas.

Puerto Rico es un objetivo crucial en una guerra por la hegemonía mundial. Ese es el argumento de este libro. Debido a su naturaleza, la lucha por la hegemonía mundial, silenciosa y solapada, sin bombas ni desembarco de tropas—como sucedió con la Guerra Fría durante cuarenta años en el siglo pasado—,no recibe la misma atención en la prensa que las tragedias en Ucrania y Gaza mientras escribo estas palabras. No tiene dramatismo. Pero sus resultados pueden ser desastrosos para Puerto Rico.

* * *

El argumento del autor es demoledor, pero tiene sentido: en 1625, Boudewijn Hendricksz atacó San Juan en nombre del príncipe de Orange. Desde entonces, Puerto Rico ha sido el objetivo, primero, de los países europeos que se aliaron durante cuatrocientos años contra España, segundo, de Alemania y sus aliados durante la primera parte del siglo XX, luego, de la Unión de Repúblicas Socialistas Soviéticas durante la segunda parte del siglo XX y, desde principios del siglo XXI, de China, cuando comenzó la abierta migración de poder contra Estados Unidos hacia el régimen de ese país.

En el mapa de las Antillas se ve lo siguiente: en el norte está Cuba, en una lucha silenciosa con Estados Unidos desde hace sesenta años; en el sur está Venezuela, también desafectada desde hace treinta años; en el oeste, Nicaragua, también aliada, desde la llegada de Ortega, contra Estados Unidos y en diálogo con China, como antes con la Unión de Repúblicas Socialistas Soviéticas/Rusia; y en el este está Puerto Rico. Odishelidze advierte que la isla es el último bastión de EE. UU. en el Caribe por su relación política.

Si todo se tratara solo de lo económico, Estados Unidos sería clave para la vida en Puerto Rico: más del 90 % de su comercio, además de una parte importante de los ingresos del Gobierno y del pueblo, proviene de transferencias federales. Dos tercios de los puertorriqueños viven en Estados Unidos, cifra que aumenta con los huracanes y terremotos que azotan la isla y a causa de los golpes políticos y económicos de los políticos y burócratas estadounidenses, al igual que en otros territorios latinoamericanos.

* * *

Dada la política comercial y militar de China en América Latina y el Caribe desde 2010, Odishelidze sitúa acertadamente el libro en el mercado norteamericano. Pero Estados Unidos es el único que apoya a Puerto Rico en su *American a way of life*. En un mundo cada vez más dividido entre la libertad y la democracia por un lado, y el comunismo y el autoritarismo por el otro, el pensamiento y la acción obligarán a tomar una posición.

En los últimos años, Puerto Rico ha experimentado una lucha por la supervivencia que a veces se acerca al caos: disturbios, huelgas, manifestaciones, interrupciones de electricidad y agua, y pequeños ciberataques. Si bien China no provocó el ambiente de asedio en Puerto Rico, las declaraciones que hizo el jefe del FBI en el Senado[5] sobre China parecen describir la situación en Puerto Rico:

> Sentado frente al Comité Selecto de la Cámara de Representantes sobre el Partido Comunista Chino, Christopher Wray, director del FBI, así como otros funcionarios federales, explicaron lo que podría ocurrirle a Estados Unidos ante la amenaza cibernética que se teje desde Pekín con intenciones de "inducir pánico social".

---

[5] Oriana Rivas, "China busca 'inducir pánico social' contra EEUU en año electoral", Panam Post, enero de 2024, https://panampost.com/oriana-rivas/2024/01/31/inducir-el-panico-social-el-objetivo-de-china-contra-eeuu/.

También afirma:

> Desde las plantas de tratamiento de agua hasta las redes eléctricas estadounidenses podrían estar en peligro por una jugada de inteligencia del Partido Comunista Chino (PCCh), dijo Wray, porque el PCCh tiene interés en socavar la soberanía de Estados Unidos no de frente, sino utilizando caminos alternos que le permitan sembrar el caos. Como reiteró el funcionario, "la República Popular China tiene un programa de piratería mayor que el de todas las grandes naciones juntas".

El artículo añade:

> Hay muchas pruebas del espionaje chino en suelo estadounidense y de cómo activan estrategias en las redes sociales para influir en la opinión pública. En junio de 2023, un informe de la Daily Caller News Foundation reveló que la inteligencia china opera en siete estados de Estados Unidos a través de "centros de servicios" alojados en varias organizaciones sin ánimo de lucro.
>
> En la misma sesión, Jen Easterly, directora de la Agencia de Ciberseguridad y Seguridad de Infraestructuras, dijo que "inducir el pánico social en el adversario es una doctrina militar china". Algo que Pekín ya ha intentado hacer "durante el ataque de ransomware a Colonial Pipeline en mayo de 2021 que cortó el suministro de gas de la costa este durante varios días".[6]

La guerra posmoderna no es de la naturaleza de la de Ucrania o Gaza; es completamente nueva, al nivel de la tecnología disponible.

La posición geopolítica también afecta las relaciones internas de sus habitantes. La lucha por acercar a Puerto Rico a intereses

---

[6] Aunque las declaraciones de Wray y Easterly son fiables, el artículo procede de una fuente con un sesgo que en Puerto Rico se reconocería como de derechas.

contrapuestos al partido dominante siempre encuentra un gran apoyo en la Isla. Hay acercamientos de grupos agraviados por el carácter impositivo de la relación política con Estados Unidos, hasta el punto en que incluso los defensores de la estadidad se han radicalizado; para ellos, Puerto Rico es una colonia. Hace cincuenta años, Don Luis Ferré, un republicano, a nivel nacional, cuando se le pidió que definiera a Puerto Rico como una colonia, llamó al Estado Libre Asociado una colonia perfumada. Rafael Hernández Colón, demócrata, a nivel nacional, definió la relación como una de democracia deficitaria, aunque también habló de colonia. No sólo cambió la retórica, sino que la economía de Puerto Rico ya no cuenta con el apoyo activo de Estados Unidos.

Los últimos años han sido desastrosos para la isla y para la relación con Estados Unidos. La recesión que comenzó en 2006 no remitió. Fue estructural, no cíclica. Llegó con la declaración de quiebra del Gobierno por parte del gobernador Alejandro García-Padilla y la organización de una Junta de Estabilización Fiscal por parte del Gobierno federal que le despojó de gran parte de los poderes sustantivos que le habían sido delegados con la aprobación de la Constitución de 1953. Como si ese golpe no fuera suficiente, le siguieron dos huracanes, Irma y María, el segundo tan fuerte como San Ciriaco en 1899. Y luego terremotos en el sur y el sureste destruyeron y calcinaron cientos de edificios.

Aunque los fondos aportados por Estados Unidos para la reconstrucción son cuantiosos, la burocracia y la escasez de mano de obra han impedido volver a la normalidad. Esto genera un inmenso malestar en la población, que se ha sumado a otros factores que provocaron un giro dramático en las elecciones de 2020, pero que también llevaron a la dimisión del gobernador Ricardo Rosselló, claramente acosado por una campaña que se generó localmente, pero como Puerto Rico ocupa una posición geopolítica muy importante, contó con un apoyo sub rosa desde el exterior.

El mensaje de Odishelidze a la población anglófona de la nación, que incluye gran parte de la población hispana de EE. UU. y parte de la de Puerto Rico, es una advertencia sobre la posibilidad de que un giro hacia una república asociada trastoque quinientos años de historia. Se trataría de un huracán para el que no habría remedio por parte de la Agencia Federal de Gestión de Emergencias. Al igual que los vendavales preceden a los huracanes, también el empuje económico de China ha penetrado en América Latina a través de préstamos. Respecto a la inversión de China en América Latina entre 2005 y 2019, el *Informe sobre América Latina*[7] dice que China les prestó más de 141 000 millones de dólares a América Latina y al Caribe, más que el Banco Mundial, el Banco Interamericano de Desarrollo Económico y el Banco de Desarrollo del Caribe juntos.

Una colonia para siempre. Si existe un acuerdo generalizado en todos los sectores de que Puerto Rico es una colonia, ¿por qué sus habitantes siguen aceptando la subordinación a Estados Unidos? ¿*Somos una colonia feliz?* Esta pregunta no forma parte de las prioridades de los puertorriqueños. La supervivencia, como la de cualquier pueblo, es nuestra primera consideración.

Principalmente, para los partidarios de la independencia y para los defensores de la estadidad, dentro y fuera de los partidos que representan su opción, el apoyo al ELA es la "distensión", eso que les ponen a los niños pequeños—el escapulario devocional destinado a alejar a Satanás del niño—que impide que gane la otra opción. No cabe duda de que el ELA le dio tiempo y espacio al independentismo para recuperarse de la destrucción del ideal por los devaneos comunistas, maoístas, siempre personalistas, que sufrió. Hay otros, objetivamente mucho más importantes, pero este es el más humano. Nadie quiere perder algo que ha afirmado querer. Es una cuestión de salvar la cara.

Además, el ELA allanó el camino para que se desarrollara la estadidad: el Partido Nuevo Progresista ganó sus primeras elecciones

---

[7] Francis Jenner, "Dónde China está invirtiendo más en América Latina", *Informe sobre América Latina*, 15 de mayo de 2019.

gracias a las luchas intestinas dentro del Partido Popular Democrático cuando Roberto Sánchez Vilella era gobernador. Además, se fortaleció y terminó ganando rotundamente tras el primer mandato de Rafael Hernández Colón, cuando este comenzó a ampliar la exploración del capitalismo de estado con la compra de las navieras y la compañía telefónica, así como la organización de un mercado central. El ELA ha sido y es el mayor generador de votos estadistas porque su lento deterioro desplazó, muy lentamente, los votos de los antiguos partidarios del Partido Popular hacia el partido estadista. El ELA ya no satisface las necesidades del pueblo.

Por el mismo motivo que llevó a Pascal a decir que el corazón tiene razones que la razón no conoce, el apoyo de muchas personas que enfrentaron tiempos mucho más difíciles que el actual no desaparecerá. El apoyo podrá vivir hasta que los nietos de esa generación se extingan, porque consideran al ELA como la concreción política del líder más grande de la historia de Puerto Rico, quien según ellos los sacó de la miseria: Luis Muñoz Marín. No sólo de pan vive el hombre. La gratitud es un sentimiento fuerte y elemental para el ser humano.

A esta forma de pensar se opone el miedo a pagar más impuestos, ya que habría impuestos federales sobre la renta y sobre sucesiones. ¿Quién quiere pagar más impuestos? Hay varios grupos de ingresos, personales, corporativos o sociedades, que se oponen a ello, sin importar cuál sea su posición sobre el futuro político de Puerto Rico. Algunos defensores de la estadidad se oponen a la estadidad. El párrafo anterior comenzó con el dicho de que hay razones del corazón que la razón no encuentra. Vale la pena explorar el tema un poco más. El poeta León Felipe dice que el hombre ha inventado todas las historias a causa del miedo.

1. Los pobres empiezan a pagar impuestos locales a partir de ingresos netos de 9000 dólares, según la página web del IRS. Si el monto supera los 9000 dólares y es inferior a 25 000, se debe pagar el 7 %. Es decir, unos 29 dólares al día. Esto

está por encima del 11 por ciento que se paga por la compra de bienes y servicios. Y aún hay que pagar el impuesto de la Seguridad Social, que es federal.
2. El Partido Nuevo Progresista tiene estudios ampliamente difundido que demostraron que solo los ricos se verían afectados por los nuevos impuestos. ¿Por qué el Partido no martillea si este es un obstáculo fundamental? Solo los políticos y los estrategas que viven del negocio del estatus lo saben.
3. La US Tax Foundation señala que, según el informe económico de 2015 de Anne Krueger, una economista que fue jefa del Banco Mundial y subdirectora del Fondo Monetario Internacional, la tasa impositiva legislada para los ingresos corporativos en Puerto Rico es similar a la de Estados Unidos, tan alta como el 39 %. Sin embargo, en la práctica, pocas corporaciones pagan una tasa cercana al 39 %, porque Puerto Rico ha tratado constantemente de incentivar el crecimiento económico mediante la creación de exenciones fiscales para industrias específicas.
4. Además, en Puerto Rico es mucho más fácil y menos costoso para los hijos heredar el capital de sus padres que en Estados Unidos. Krueger habla de protección de los ingresos. Esto es protección del capital. El dinero no tiene color, el estatus sí, por eso el dinero tiene más apoyo que todas las opciones de estatus juntas.

Mucho después de la debacle del Gobierno de Puerto Rico con la desaparición de la Sección 936, una administración del Partido Nuevo Progresista (estadista) aprobó una legislación para reducir los impuestos a los inversores de EE. UU. en Puerto Rico. En el pasado, los inversores extranjeros se habían opuesto tenazmente a la estadidad, ya que perderían sus exenciones fiscales. Por ese motivo, Carlos Romero Barceló se opuso rotundamente a los planes de reducción de impuestos cuando era gobernador y, más tarde, como comisionado residente en el Congreso. Los nuevos inversores deben vivir al menos seis meses al año en Puerto Rico, y su inversión debe generar puestos de trabajo y movimientos de capital, sin definir parámetros que garanticen que dicha inversión debe ir más allá de los empleos mal pagados. Aunque no cabe duda de que los agentes financieros que gestionan ese capital en nombre de sus propietarios no sólo están excepcionalmente bien pagados—como debe ser— tampoco cabe duda de que lucharán contra la unión permanente definida como estadidad y favorecerán el statu quo o una república asociada que técnicamente mantenga la apariencia de asociación con Estados Unidos.

Durante ciento veinticinco años, Puerto Rico ha estado a la merced del latrocinio legal de corporaciones e inversores; los nuevos controlan un amplio segmento de los mercados inmobiliarios. Pero, ¿no es el despojo la norma de los gobiernos metropolitanos: tanto capitalistas como comunistas, socialistas y mixtos?

Los isleños ya deberían saberlo.

Esto nos lleva a otra cuestión por la que el paso a la condición de estado, con todas las ayudas y beneficios que se podrían conseguir, no se ha producido. No todos los residentes de la isla están contentos con Estados Unidos. Pedro Albizu Campos, el líder nacionalista más destacado del siglo XX, todavía quería ser senador por la Alianza Republicano-Unionista recién organizada en 1924, incluso después de su desastrosa experiencia en el ejército estadounidense que, por ser negro, le permitió llegar solo a sargento, ¡cuando blancos con formación similar fueron nombrados oficiales! Mi padre, reconocido entonces como una estrella en ascenso en la economía agrícola y la investigación científica, lo apoyó, pero fue rechazado por la misma razón por la que el Ejército de EE. UU rechazó a Campos. Se volvió un centro de disidencia cada vez mayor, convirtiéndose más tarde en un revolucionario violento.

El corazón tiene sus razones: George W. Bush Jr., cuando le preguntaron por las protestas por el bombardeo de Vieques, respondió: "Son vecinos y amigos". Después de que miles de puertorriqueños murieran en Corea, Vietnam, la Segunda Guerra Mundial y otras guerras recientes, ¿es eso lo que somos para un presidente de la nación? Confieso que mi reacción fue de rechazo a todo lo que representaba, porque mi único tío materno fue voluntario en la Segunda Guerra Mundial y murió en Bastoña, Francia. Sin embargo, ¡yo seguía siendo republicano y defensor de la estadidad!

El Sexagésimo Quinto Regimiento de Infantería fue maltratado durante muchos años, a pesar de que todos los que lucharon a su lado los reconocieron como excelentes camaradas y aún mejores soldados. Tuvieron que pasar años para esto; claro, llegó después de que la población puertorriqueña en EE. UU se había convertido en un factor político importante en la nación. ¡Y no digamos nada de la vergonzosa farsa del presidente Trump y los rollos de toallas de papel que lanzó a un público que se congregó a su alrededor cuando vino a mostrar su apoyo inmediatamente después del huracán María! Al ritmo que los puertorriqueños se trasladaban entonces a Florida, tuvo que asegurarse de que los defensores de la estadidad siguieran siendo republicanos en sus nuevas comunidades.

¿Qué pasa con aquellos que han vivido de la historia del estatus durante toda su vida? Los que perderán su trabajo con un cambio de estatus. ¿Votarán a favor de la estadidad?

La respuesta del avestruz. Enterramos la cabeza bajo tierra tras la desaparición de la Sección 936. La respuesta del gobernador proestadidad fue keynesiana: un inmenso programa de obras públicas, pero no hubo ningún cambio significativo en el programa de desarrollo del gobierno. Tampoco hubo ningún cambio en las dos administraciones siguientes del partido contrario (antiestadidad). El gobierno no hizo nada para capear la tormenta que ya tenía encima. La política de estatus y las cuestiones electorales impidieron tal movimiento.

Aproximadamente una década antes, Puerto Rico se planteó la posibilidad de abrir un gran puerto en la isla para gestionar la carga de transbordo para el Caribe y más allá del Canal de Panamá. Jamaica y República Dominicana abrieron los suyos, mientras que Puerto Rico dudó en ubicarlo en un municipio a favor de la estadidad o de la autonomía. La política de estatus y las cuestiones electorales impidieron la decisión.

El estudio de Brookings de 2006 confirmó lo que otras economías habían predicho: Puerto Rico iba hacia el desastre, ya que utilizaba bonos municipales para satisfacer las demandas salariales de los sindicatos. Diez años después, Puerto Rico entró en bancarrota. Dos administraciones a favor de la estadidad y dos a favor del Estado Libre Asociado lucharon entre sí para tratar de imponer sus alternativas de estatus.

Humpty Dumpty tuvo una gran caída. Como no hay rey en EE. UU., el Congreso y el presidente enviaron una junta de estabilidad fiscal y finanzas para asegurarse de que los tenedores de bonos, muchos en manos de los principales programas de jubilación y equidad de la nación, no perdieran todo su dinero. Que se joda Puerto Rico, pues todos sabían que no podrían devolver los préstamos y el presupuesto de la isla ni siquiera reservaba dinero para los intereses. ¿Una república asociada acabará con la deuda? Eso es algo a considerar, ya que la estadidad no lo hará.

Puerto Rico es una isla rodeada de espejos. Los isleños no pudieron reconocer que las estrategias autoritarias y anticapitalistas, así como una mentalidad que dependía de una fuerza histórica, frenaron su desarrollo. La política del estatus ocupaba todo nuestro tiempo. También era la época del proyecto de ley Young.

De nuevo, la política de estatus ahora nos impide reconocer la horrible guerra de Ucrania. Somos indiferentes a cómo Rusia trata a Ucrania, donde, además de devastar el país mediante con una inmensa superioridad militar—los rusos el triple de tropas que Ucrania—, secuestran niños y jóvenes en las zonas ocupadas por ellos para criarlos como rusos. Ucrania ha sufrido medio millón de muertes, civiles y militares, hasta marzo de 2024. En China, los uigures viven en campos de concentración porque no han querido dejar su lengua, cultura, costumbres y tradiciones como exige el gobierno, y deben trabajar en industrias de exportación. De los doce millones de uigures que viven en la llamada Región Autónoma Uigur, cerca de un millón viven este tipo de campos. Para exterminar cualquier resto de poder de este grupo minoritario en la región, el gobierno chino está promoviendo la emigración masiva de uigures y otros grupos de la región noroeste de Xinjiang. El blanco está en las culturas tradicionales, que están sitiados, como sucedió en Puerto Rico a principios del siglo XX. Se destruyeron templos e importantes líderes religiosos fueron asesinados (en Nicaragua deben emigrar o enfrentarse a la cárcel; la táctica se reproduce en cualquier lugar que quieren dominar).

Para una prensa que busca noticias sobre los oprimidos, como sienten algunos en Puerto Rico, hacer hincapié en la masacre en Gaza de 31 000 personas en cinco meses no solo es normal, sino más pertinente que la aniquilación del este de Ucrania durante dos años. En primer lugar, Ucrania era un país muy rico, el granero de Europa, mientras que Gaza fue, desde el principio, el refugio de los rechazados, tanto por árabes como israelíes y occidentales. Gaza es un país poblado por víctimas del colonialismo de hace cien años; el paralelismo implícito con Puerto Rico es forzado pero efectivo. En segundo lugar, Ucrania ya no es un blanco de agresión rusa inmediata, sino una parte del fastidioso trasfondo de la mayor, y aparentemente más distante, división entre Oriente y Occidente. Mientras que la guerra entre Israel y Hamás es una expresión horriblemente dramática—y no menos vívida—del "doble, doble trabajo y doble problema, el fuego que arde y el caldero que hierve" que Europa y, más tarde, Estados Unidos provocaron en Medio Oriente.

Mientras que en Occidente la explotación se caracteriza por ser esencialmente comercial, y se han creado campos de concentración de poblaciones enteras, como ocurrió en Estados Unidos con los japoneses durante la Segunda Guerra Mundial, la explotación los países comunistas también comienza con el comercio (préstamos, muchos de ellos impagables, pero que los dirigentes aceptan en lo que les concierne). Para decirlo sin rodeos, si las relaciones internacionales son de naturaleza explotadora, la diferencia estriba en los derechos que se les reconocen a los pueblos. A Ucrania y a los uigures no se les reconoce ninguno.

El mundo al revés. La inestabilidad abre nuevas perspectivas y posibilidades. La organización de la economía de Puerto Rico para alcanzar un pequeño grado de autarquía—lo que puede llamarse cierta independencia económica—es totalmente factible: es absolutamente necesaria para la independencia, para una relación autónoma con otro país y para la condición de Estado, pues ¿de qué le va a servir a Estados Unidos añadir una república bananera? Es difícil imaginar la aceptación de un Estado que dependa de transferencias federales, en la medida en que EE.UU. se acerca cada vez más; esa presión se acelera con las dos guerras que libra, Ucrania y Gaza, montadas a costa de Irak, Siria, Afganistán, Etiopía-Somalia, y otros conflictos en medio del caos internacional, comprometiendo en exceso sus arcas. Esta es una consideración práctica completamente independiente del pensamiento conservador en EE. UU., que aborrece la irresponsabilidad fiscal, institucionalizada en los políticos, los intelectuales de la economía, la burocracia y en la politiquería que es el pan de cada día en Puerto Rico. Las políticas laborales, sociales y económicas de todos los partidos políticos, y casi todas las ONG, son prácticamente idénticas.

Entre la espada y la pared. Lo ideal solo existe en la mente, pero la mayoría de los adultos son conscientes de que la perfección es exclusiva de Dios. Sin embargo, para alcanzar el poder, los políticos venden la ilusión de tener una relación perfecta no solo con Estados Unidos, sino también con el resto del mundo. Antes de creer en estas fantasías, es necesario considerar lo que es real y está al alcance de la mano.

La estadidad tiene un historial con cincuenta estados: significa seguridad y protección permanentes por parte de Estados Unidos. Significa poder tomar un avión y, en poco más de dos horas, estar en un lugar donde tienes los mismos derechos que sus ciudadanos, así como los parientes y los amigos que te reciben. Esto es muy diferente a tomar un vuelo a Cuba o Venezuela, los dos socios más cercanos de China, y, a partir de ahí, compartir la escasez. No es posible escapar a China, como sí lo fue huir a Estados Unidos después del huracán María.

Puerto Rico lleva décadas buscando la fórmula para poner en marcha la economía. Las antiguas estrategias de crecimiento del pasado, según el informe de Anne Krueger de 2015. Esto significa, para mí, una cirugía radical. Pero eso no va a suceder. Ni siquiera la Junta de Estabilización Fiscal, con el peso del Congreso detrás, lo intentará. Pero, en realidad, ese no es su papel, aunque sea parte de la ley PROMESA; está en Puerto Rico para salvar a los inversores que tuvieron un mal rendimiento al especular con los bonos de Puerto Rico.

Sin embargo, hay ejemplos menos complicados. Cuando Hawái se convirtió en un estado, tenía la misma cantidad de habitaciones turísticas que Puerto Rico tiene ahora, alrededor de diez mil. En la actualidad, Hawái tiene más de ciento cincuenta mil. La estadidad es una estrategia para el desarrollo económico, así como para salir del estancamiento actual, que se ha convertido en un techo de cristal impuesto a todos los que quieren trabajar.

Pero eso no fue todo lo que trajo la estadidad a Hawái. Su incorporación como estado proporcionó un entorno extremadamente estable para hacer negocios e inversiones, algo de lo que siempre ha carecido Puerto Rico; la desgravación fiscal federal permitía obtener inmensos beneficios, y la bandera estadounidense era en cierto modo una garantía. Esos incentivos desaparecieron, como desaparecerán los actuales cuando el Congreso lo decida.

El comisionado residente se sienta en la Cámara de Representantes, que es un mercado, como el Senado, pero sin dinero para comprar: el dinero representa el voto que se intercambia por otros votos. Se puede decir muchas cosas del Congreso, la más leve es que es el gran cuerpo deliberativo de los Federalist Papers. Los votos conducen a alianzas y a compromisos de apoyo mutuo, el quid pro quo de la política: mi voto a cambio del tuyo.

El comisionado residente puede enriquecer el proceso pero no participar de forma efectiva. Es un observador del proceso y puede dar apoyo emocional, gemir, como dice Diego en su poesía, pero no puede embestir como un toro porque no tiene voto. Esto hace que Puerto Rico en el Congreso sea como el apéndice en el intestino humano: solo se le presta atención cuando está a punto de reventar e infectar la cavidad abdominal. Si tuviera derecho a voto y representación en el Senado y la Cámara de Representantes, podría sentarse en la misma mesa que Florida, Nueva York, Nueva Jersey, Illinois, California, Texas, etc. Podría ser un igual y comportarse como tal.

Respecto al poder de los votos en el Senado, hay un libro sobre Karl Rove que dice que, al sopesar la cuestión de la lucha de los residentes puertorriqueños con la Marina, la principal consideración no era Puerto Rico, sino el hecho de que lucha se estaba extendiendo a la población puertorriqueña de la ciudad de Nueva York. Los republicanos de la Casa Blanca querían asegurarse de que la reelección de Alphonse D'Amato como senador del estado de Nueva York no se viera afectada, así que acordaron retirar a la Marina de Vieques.[8] Suena cínico, pero así es la vida.

Podemos soñar. El problema es despertar. Hoy, la pérdida de la cultura y la lengua se ha convertido en una frase, como la que se usaba para asustar a los niños: ¡cuidado, que el holandés viene por ti! Los intelectuales puertorriqueños han encontrado un nicho de ventas en Estados Unidos, ¡pero también los artistas plásticos, actores y músicos que han ido más allá del nicho! Han redefinido parte de la cultura popular estadounidense.

---

[8] Carl M. Cannon, Lou Dubose, Jan Reid, *Boy Genius: Karl Rove, the Brains Behind the Remarkable Political Triumph of George W. Bush* (*El genio: Karl Rove, el cerebro detrás del increíble triunfo electoral de George. W. Bush*), Public Affairs, 2003.

Aún hay más factores que parecen apoyar la independencia. Aunque la independencia permitiría tener representación en la UNESCO, las Naciones Unidas, la Organización de Estados Americanos, docenas de otras instituciones de todo el mundo y más de cien embajadas (¿a qué precio?), también permitiría negociar tratados directamente con otros países. Este es un punto crítico en la ecuación del futuro. Por supuesto, participar en la aprobación de tratados de EE. UU. con dos votos en el Senado, y con la influencia que pueden ejercer los representantes y senadores en los departamentos del Gobierno nacional que proponen dichos tratados puede ser igualmente importante, aunque los tratados están supeditados a las relaciones exteriores que establezca el presidente (pero con injerencia del Senado, como el caso de las guerras en Ucrania y Gaza).

Un beneficio que ahora no está disponible pero sí lo estaría con la independencia es el seguro de la OPIC para invertir en un país extranjero, indispensable en un contexto en que un golpe de Estado o un cambio de gobierno pueden provocar expropiaciones, cierre de operaciones u otros impedimentos. En un estado de unión, predominan las fuerzas del mercado, aunque la política sigue estando presente en las decisiones de apoyo a las empresas.

Por la misma razón, la independencia implicaría la eliminación de los beneficios y protecciones federales que han reducido su competitividad. Este fue el caso de la Sección 931. Ese poder es sumamente importante, y solo dependería de las políticas sociales, culturales y económicas de las administraciones que gobiernen Puerto Rico, como el salario mínimo, la protección de niños y mujeres, las horas de trabajo, etc. La doctrina Truman utilizó los mercados nacionales para apoyar a los países del Tercer Mundo; la apertura de ciertos mercados a estos países acabó con la industria textil, que formó parte del primer ciclo de desarrollo de Puerto Rico.

Asimismo, la independencia liberaría a Puerto Rico de la incertidumbre política en EE. UU., pero no en su relación con ese país, porque eso dependería de los términos de las relaciones internacionales entre ambos países, particularmente si los administradores locales siguen el patrón de Venezuela, Cuba y Nicaragua, o se ajustan a uno menos azaroso como el de Petro en Colombia y Xiomara Castro en Honduras. Además, es necesario mencionar a Bukele en El Salvador, por su autoritarismo legitimado en votaciones con mayorías absolutas, y a Andrés Manuel López Obrador en México, pues a ese país siempre le ha gustado actuar como disidente, al estilo de Tito en Yugoslavia.

Habría que preguntarse si es conveniente que Estados Unidos reconozca o dé algún tipo de independencia a Puerto Rico, mientras sus habitantes mantienen la ciudadanía norteamericana. Al menos desaparecería el *ius soli*, la ciudadanía por nacimiento, pero no el verdadero problema de un país poblado por ciudadanos extranjeros (o los que prefieren seguir siendo extranjeros, si se les da la oportunidad). Sería una invitación a frecuentes intervenciones militares. Reagan justificó la invasión de Granada con la protección de un puñado de estadounidenses.

La ciudadanía estadounidense no sería suficiente; tendría que ir de la mano de las prestaciones actuales. La seguridad social está disponible en el extranjero, pero el resto de las prestaciones no son reembolsos de pagos e inversiones particulares. Sería razonable prorrogarlas durante un tiempo razonable, hasta que se consolide el gobierno de la nueva república. Esta es una condición *sine qua non*.

La única conclusión de esta sección se puede resumir en la pregunta:¿por qué los refugiados de los regímenes autoritarios de América Latina asedian las fronteras de la nación, si las alternativas fuera de EE. UU. son iguales o mejores?

Realidad aumentada. La viabilidad de las tres alternativas tiene la misma base económica: la responsabilidad fiscal. Puerto Rico abandonó la responsabilidad hace muchos años en su búsqueda de votos por el estatus.

La crisis en la que vive y vivirá Puerto Rico durante los próximos años favorece el statu quo: la inacción de EE.UU., ya que no puede permitirse provocar una crisis mayor a la actual con cualquier cambio de status, al solo contar con apoyo mayoritario local. (¿Pero sería posible que exista una coalición en un plebiscito que esté a favor de una república asociada con ciudadanía y transferencias sociales y gubernamentales?).

Una situación en la que todos salen perdiendo. El cambio que los puertorriqueños iban a provocar con la pérdida de los fondos de la Sección 936, y que debería haberles permitido conseguir la estadidad, la independencia o financiar otras alternativas, nunca se produjo. La política del status, que es un juego de ajedrez en el que se hace jaque mate en cada jugada, acabó con esta posibilidad.

Históricamente, los programas fueron tan exitosos que otros países los copiaron y le quitaron cientos de industrias a Puerto Rico (porque sus costos de producción eran más bajos, pero EE. UU. también abrió los mercados que Puerto Rico había capturado hasta que surgió la Sección 936).

¿Qué pasó con las 936? Tuvieron tanto éxito que EE. UU. decidió eliminarlas, porque se habían convertido en un mecanismo para proteger los ingresos financieros en lugar de la manufactura. ¿Recibió Estados Unidos algún dinero de los que regresaron a la nación? No. Esas personas se trasladaron a Irlanda y a otros países con incentivos similares y dejaron su dinero allí.

¿Qué hizo Puerto Rico? No hizo nada para reponer lo poco que tenía en términos de desarrollo económico. Los políticos no hicieron nada... como con el tema del estatus. Patrick Neveling dice que ha estudiado a fondo el caso de Puerto Rico, en particular las zonas económicas especiales que surgieron allí .

> Sin embargo, las 4000 ZEE actuales en más de 130 naciones y el empleo que proporcionan a 100 millones o más de trabajadores (principalmente mujeres) se oponen a las políticas de desarrollo industrial sostenible. Por el contrario, la gran mayoría de las ZEE, pasadas y presentes, no han tenido ningún impacto real en el empleo o, cuando lo han tenido, sus efectos positivos—a menudo representados con frases llamativas "milagrosas"—han sido efímeros y no

han beneficiado a las poblaciones locales ni a las economías nacionales, sino ante todo a las empresas multinacionales y a sus accionistas.[9]

¿Qué ocurrió con las industrias consolidadas, según Neveling?[10] Puerto Rico, al convertirse en el modelo a seguir, dio lugar a una competencia entre estas los países para ofrecer mayores beneficios y menores costos a las industrias consolidadas, de modo que estas abandonaron el país de origen cuando encontraron a alguien que les daba mayores beneficios.[11]

Es decir, a juzgar por la proliferación de programas similares en tantos países, el producto de exportación más exitoso de Puerto Rico fue Manos a la Obra. Creo que la primera persona en señalar este hecho fue José Joaquín Villamil, uno de los principales economistas de la isla.

---

[9] Patrick Neveling, "Zonas francas industriales/zonas económicas especiales en Callan, H.". *Enciclopedia Internacional de Antropología.*

[10] Neveling, "Export Processing Zones/Special Economic Zones in Callan, H". (Zonas de procesamiento de exportaciones/zonas económicas especiales en Callan, H.)

[11] Esto ocurrió en las décadas de 1950 y 1960 con la industria de la aguja y la electrónica. Los esfuerzos se reorientaron hacia la industria venezolana de refinación de petróleo, que, de nuevo, se derrumbó por circunstancias ajenas a la voluntad con la crisis de 1973. Esto dio paso a la Sección 936 de 1976, que no solo preveía la exención de impuestos para la producción sino también para la inversión de los beneficios, lo que llevó a algunas empresas farmacéuticas a organizar sus propios bancos privados y su uso exclusivo para gestionar miles de millones de dólares en beneficios. La recesión en la que se encontró EE. UU. entre 1961 y 1982 provocó aumentos de impuestos a las corporaciones privadas (y a algunos individuos) a través de lo que se conoció como las Enmiendas TEFRA (Ley de Equidad y Responsabilidad Fiscal de 1982), que redujeron algunos beneficios a las corporaciones en Puerto Rico, bajo la Sección 936, por considerar excesivos los ingresos exentos de impuestos.

Neveling añade que lo que ocurrió en Puerto Rico cuando estas industrias se fueron ha ocurrido en otras partes del mundo. Lo que dice Neveling es inquietante porque la burbuja de promesas vacías creada por los desarrollistas en Puerto Rico puede llevar al rechazo de todo lo que esté vinculado a Estados Unidos. Neveling dice:

> Mientras que la mayoría de los panfletos y publicaciones del Banco Mundial y otras organizaciones internacionales guardan silencio sobre los efectos negativos de las zonas, las organizaciones de derechos humanos, los sindicatos internacionales, los economistas políticos críticos y otros académicos, así como los periodistas de investigación, están de acuerdo en que la proliferación de las ZEE ha desempeñado un papel crucial en la escalada de la pobreza y la desigualdad en el mundo. La deslocalización de industrias de países occidentales a dichas zonas provocó un desempleo a gran escala en las regiones de origen, con una desindustrialización seguida de décadas de declive económico hasta nuestros días. Sin embargo, los estándares laborales en las "nuevas" industrias de las regiones receptoras de las ZEE son siempre más bajos. Ante todo, las agencias estatales y paraestatales publicitan internacionalmente las ZEE por su mano de obra barata, abundante y supuestamente conforme. Esto ha fomentado graves violaciones de derechos laborales. Las mujeres trabajadoras están especialmente en el punto de mira de muchas industrias de las ZEE, y académicos críticos han documentado décadas de abusos sexistas y racistas por parte de los jefes de los talleres y las empresas que alimentan discursos orientalistas sobre los "dedos ágiles" de las trabajadoras no europeas, supuestamente ideales para la producción de prendas de vestir y electrónica de consumo. Las fábricas de las ZEE suelen proclamar que sus trabajadores son menos productivos que en cualquier otra parte del mundo. Sin embargo, en realidad las fábricas promueven en la descalificación profesional de las trabajadoras, al capacitarlas solo en el puesto de trabajo, y aprovechan los estereotipos de los grupos patriarcales y religiosos locales para estigmatizarlas

si denuncian la explotación y las violaciones de los derechos laborales.

Puerto Rico no ha hecho nada por la economía. Tampoco ha hecho nada por el estatus.

La indecisión sobre el estatus es la clave del estancamiento de la economía: los inversores extranjeros que podrían estar interesados en invertir en Puerto Rico con los incentivos y condiciones actuales ya no están seguros del futuro de Estados Unidos. Ya no hay tanto interés en invertir en Puerto Rico porque carece de una política estable que trascienda el paso de una administración otra en términos de inversiones, como ocurría en el pasado, fuera cual fuera la administración del partido.

Este estancamiento lleva a otra cosa: la economía no está abierta a las nuevas generaciones en Puerto Rico, por lo que los jóvenes— los que recibieron la mejor educación, pero también los que están dispuestos a hacer trabajos manuales, semiprofesionales o profesionales—eligen emigrar. De nuevo, la emigración tiene otro resultado desastroso: ¿cuántas personas deben tener los ingresos necesarios para contribuir al pago de los bonos que impondrá la Junta de Estabilización Económica, pero también cuántas personas podrán contribuir a las pensiones públicas de los jubilados, sobre todo teniendo en cuenta que en el futuro habrá menos empleados? Menos empleados equivale amenores ingresos para las pensiones que fueron aprobadas pero que no cuentan con una financiación completa.

La situación invita a acciones antes inconcebibles: entre ellas, una coalición contra los que quieren la unión permanente; una coalición de desesperados. Deben cuidarse a sí mismos porque su gobierno los ha abandonado. Este era el primer tema de la introducción. ¿Por qué no considerar una república asociada? Esta pregunta nos lleva a otra consideración.

Homo sacer es el ser humano antes de que se establezca la ley. No hay nada que le impida a alguien quitarse la vida. Es más, el ser humano existe dentro de una sociedad de leyes, pero esas leyes no se aplican plenamente. En cierto modo, es un ciudadano sin derechos plenos de ciudadanía: un puertorriqueño isleño.

Hace cuarenta años, participé en un panel de televisión en el que Lee Atwater explicaba la "estrategia sureña" del Partido Republicano. Él la creó. Respecto a Atwater, Jane Mayer, de *The New Yorker*, escribió el artículo basado en sus memorias inéditas llamado "Los papeles secretos de Lee Atwater, quien inventó las tácticas escabrosas normalizadas por Trump", donde explica cómo el Partido Republicano adoptó la mentira, avivó el miedo racial y usó estrategias para ganar a cualquier costo.

Como consecuencia de una conversación con Atwater, me di cuenta de que si la estadidad llegaba a Puerto Rico, necesitaría el apoyo de personas como Atwater. De lo contrario, la bloquearían. A través de la caracterización de la política de la nación de Atwater, aprendí algo sobre el horror de la política. Uso la palabra "horror" tal como Kurtz la utilizó en la obra de Conrad sobre África, *El corazón de las tinieblas,* al contemplar la destrucción que ha causado y la destrucción que se vendría, provocada por Charles Marlow, el nuevo agente colonial de la compañía. En este prólogo he tratado de describir el horror que se puede producir en Puerto Rico y los argumentos que lo justifican.

En una cena en el Hotel Cerromar en Dorado a principios de la década de 1990, años después del panel, Lee Atwater, que apoyaba la estadidad, y yo, retomamos la conversación que tuvimos cuando nos conocimos. Empecé soltando los argumentos a favor de una república asociada como forma de burlarme de él. Me contestó que la soberanía con ciudadanía era imposible fuera de la estadidad. Cuando se le preguntó la base constitucional de esta afirmación, dijo que el aspecto jurídico no era tan importante como el político. "La política siempre se impone a la ley", dijo. Luego afirmó: "El Congreso puede revocar la ciudadanía". Argumenté que la ciudadanía podía heredarse, aunque admití que el *ius soli*, la ciudadanía por nacimiento en territorio estadounidense, desaparecería.

Entonces, él dijo que la decisión la tomaría el Congreso, lo cual era eminentemente político: "La ciudadanía se puede revocar, y los que viven en Puerto Rico pueden pelearla desde fuera de Estados Unidos, en nuestro Tribunal Supremo". Y añadió: "Ya no podrían decir que es su Tribunal Supremo porque no serían ciudadanos". Su instinto, como el de un puma, fue lanzarse a la yugular.

Además, argumentó que sería una lucha desigual, pues cualquier beneficio económico que se le diera a Puerto Rico se convertiría en *una cuestión política* y los isleños perderían todo lo negociado. En el proceso, los puertorriqueños abandonarían la isla en masa, ¡si aún pudieran entrar sin visa! "¿Realmente quieren meterse en este lío, sumado a los problemas que generaría un estatus semejante?".

Este es el mismo Lee Atwater a quien le pregunté, en el programa televisado a nivel nacional que mencioné antes, por qué los habitantes de Puerto Rico no formaban parte de la "estrategia sureña" republicana para ganar las elecciones. Su respuesta fue: "Viven en el lugar equivocado; váyanse a los Estados Unidos". Después del programa, declaró: "Carlos, si allá no tienes derecho a votar por el Congreso ni por el presidente, en lo que respecta a la república, políticamente no existes".

Carlos A. Chardón
Exdirector de la SBA por el Caribe
Exsecretario de Educación de Puerto Rico

1

ASIENTO DE PRIMERA FILA EN LA TÁCTICA CHINA PARA EL CARIBE

ME DI CUENTA POR PRIMERA VEZ DE CUÁN SERIO ERA EL INTERÉS DE China en Puerto Rico después de dar un discurso en el Rotary Club Wan Chai de Hong Kong en 2018. El tema de mi charla fue un libro del que había sido coautor con el economista Arthur Laffer, titulado *Pay to the Order of Puerto Rico (Pago a la Orden de Puerto Rico)*. Tocaba varios temas políticos, económicos, raciales y étnicos de la isla. Aunque he hecho mi vida y mi dinero en Puerto Rico, y he pasado los últimos sesenta años vinculado a su economía, cultura, sociedad y política, no soy puertorriqueño de nacimiento. Mi juventud transcurrió en Belgrado, ocupada por los nazis, y más tarde en la Yugoslavia comunista. En 1960, a la edad de diecinueve años y después de casi tres años en campos de refugiados europeos, aterricé en Estados Unidos con 20 dólares en el bolsillo y sin entender nada de inglés. Es una larga historia, pero muchos años después me había convertido en un hombre de familia y de negocios exitoso en Puerto Rico. La vida es un viaje fascinante, del que hablaré más adelante.

Comparto mi historia como ruso que emigró a los Estados Unidos porque siempre parece generar cercanía con el público chino. Cuando empecé a reunirme con empresarios chinos, simplemente les decía que era estadounidense. Después, me daban la mano y se marchaban. Cuando empecé a decirles que era un ruso que había emigrado a Estados Unidos, las cosas cambiaron. Recibía una gran sonrisa, un abrazo y me llamaban *tovarisch*, que en ruso significa "camarada". Creo que se pueden hacer una idea de lo que digo. Así que, cuando compartí mis orígenes en el bloque soviético con la audiencia chino-hongkonesa durante mi discurso de 2018, inmediatamente asumieron que estábamos "en el mismo bando" y sintieron que podían compartir información conmigo con mucha más libertad. La velada resultaría, como mínimo, esclarecedora.

Después del discurso, me vi rodeado de asistentes que me hacían preguntas. Un profesional de fusiones y adquisiciones (M&A), que había nacido en Hong Kong pero no era chino, mostró especial interés en mi discurso. Me dijo que sus socios eran chinos, tanto de Hong Kong como de China continental, y que adquirían propiedades en beneficio de intereses chinos. También me explicó que sus clientes se centraban principalmente en adquisiciones en Estados Unidos y el Caribe.

"Estamos negociando la compra de Roosevelt Roads", dijo con orgullo.

Es posible que se me haya caído la mandíbula al suelo ante esta noticia. Roosevelt Roads fue la base naval original establecida en Puerto Rico por el gobierno estadounidense en 1943. Mejorada en 1957, la base fue utilizada ocasionalmente por la Marina para ejercicios de entrenamiento. Sin embargo, durante la Segunda Guerra Mundial y la Guerra Fría sirvió principalmente como presencia estadounidense permanente en el Caribe para maniobras defensivas de emergencia y respuesta rápida para disuadir a posibles agresores. A principios de la década de 1960, cuando Jruschov decidió colocar misiles nucleares en Cuba, el bloqueo ordenado por el presidente John F. Kennedy se montó desde Roosevelt Roads. El Departamento de Defensa de EE. UU. una vez se refirió a la base como "nuestro acorazado permanente en el Caribe".

Y la base no es el único elemento que ha tenido una importancia estrategia. La construcción de la base naval de Roosevelt Roads incluyó importantes excavaciones en las montañas circundantes durante la Segunda Guerra Mundial, cuando Inglaterra estaba sometida a un duro ataque alemán. Las instalaciones se diseñaron para proporcionar a Churchill y al gobierno británico un refugio seguro en caso de que tuvieran que exiliarse durante el blitzkrieg.

En la década de 1970, la Marina afirmó con orgullo pero en secreto que había gastado 4000 millones de dólares solo en este sistema de cuadrícula, que era una de las herramientas de entrenamiento más modernas, avanzadas e importantes para las maniobras navales.

Luego, a principios de la década de 2000, el presidente George W. Bush decidió que Estados Unidos ya no necesitaba protección en el Caribe. Entregó la base al gobierno local de Puerto Rico. Desde entonces, el Departamento de Defensa se ha retirado de Puerto Rico casi por completo. Roosevelt Roads y otras instalaciones militares estadounidenses fueron puestas a la venta.

Una vez recuperado de la conmoción que me causó lo que me estaba contando mi asistente de Hong Kong, intenté preguntar con calma: "Entonces, ¿qué dice el gobierno de EE. UU. sobre este acuerdo?".

"Ah, no estamos hablando con el gobierno de EE. UU.", continuó el profesional de fusiones y adquisiciones. "Estamos tratando con el gobernador de Puerto Rico, que nos ha asegurado que tienen el control total y no necesitan el permiso de EE. UU. para hacer este trato".

Supuestamente, el gobernador de Puerto Rico, Ricardo Rosselló, les había dicho que sería mejor por "razones políticas" llamar a esta empresa "proyecto de desarrollo turístico e industrial". También les aconsejó que presentaran planes que incluyeran apartamentos en la playa, hoteles, un paseo marítimo con restaurantes a orillas del agua y tal vez algunas tiendas, junto con un puerto deportivo privado. Al fin y al cabo, el grupo iba a comprar una base naval estadounidense en pleno funcionamiento, así que lo mejor sería evitar sospechas. En ese momento, Fomento, la agencia de desarrollo industrial de Puerto Rico, promocionó la venta sin revelar quiénes eran los verdaderos compradores.

En retrospectiva, me pregunto si mi colega de fusiones y adquisiciones sabía quién estaba detrás de la operación. Es muy probable que no lo supiera. Según mis asistentes de Hong Kong, Rosselló les había sugerido a los chinos que realizaran la adquisición a través de un fondo de cobertura estadounidense como una "inversión dirigida". De este modo, China podría invertir el precio de compra en el fondo de cobertura y "dirigirlo" a comprar la base naval limitando su participación en los beneficios. El fondo de cobertura obtendría los honorarios por la adquisición y China obtendría la propiedad sin su nombre unido a ella, creando la apariencia de una adquisición nacional estadounidense. Por supuesto, con el permiso de China, el fondo de cobertura original podría venderle esta "inversión dirigida" a otro inversor a través de una entidad corporativa o fondo de cobertura independiente, y así sucesivamente. Con el tiempo, las identidades de los compradores originales se perderían en las montañas de papeleo de estas transacciones.

Cuando salí del Rotary Club de Wan Chai ese día, empecé a investigar más a fondo el proyecto de Roosevelt Roads, y oí rumores que confirmaban lo que me habían dicho en Hong Kong. Al parecer, el gobernador Rosselló—hijo del ex gobernador Pedro Rosselló, responsable de haber sacado al Departamento de Defensa de Puerto Rico una década antes—había entregado muchos documentos clasificados relacionados con la antigua base naval estadounidense para facilitar la venta de Roosevelt Roads. Probablemente no sea una coincidencia que, dos años después de su elección, el pueblo de Puerto Rico se manifestara frente a la casa del gobernador y lograra destituirlo, a pesar de que aún le quedaban dos años de mandato.

Aunque me sorprendieron las circunstancias del acuerdo, no me sorprendió en absoluto el interés de China por Roosevelt Roads. Se trata sin duda de una propiedad muy valiosa. La bahía donde estuvo la base está rodeada de montañas y playas hermosas. A pocos kilómetros de la bahía, se encuentra la preciosa isla de Culebra, que alberga una de las playas más maravillosas del mundo. Pero las aguas cristalinas que rodean Culebra no son tan prístinas como parecen. Culebra fue bombardeada constantemente por misiles lanzados como prácticas de tiro desde buques de guerra con base en Roosevelt Roads. Nunca olvidaré la primera vez que navegué alrededor de Culebra. Cuando miré las cartas de navegación, vi por todas partes señales de advertencia que decían: "¡Peligro! Munición sin detonar". Esto, por supuesto, sofocó mis ganas de lanzarme a aquellas fabulosas aguas ricas en arrecifes, llenas de peces y langostas.

Aunque las partes involucradas afirmaban que el objetivo del acuerdo de Roosevelt Roads era económico y no geopolítico, el hecho de que una base naval estratégica de Estados Unidos pudiera venderse a un adversario extranjero me parecía impensable. La infraestructura de esa base podría ser utilizada en cualquier momento, por cualquiera que controlara ese pedazo de propiedad inmobiliaria, sin importar cuántos McDonald's, Marriotts y Holiday Inns se construyeran a lo largo de la playa. El mayor peligro era que la infraestructura militar de Roosevelt Roads dejara de estar a disposición del ejército estadounidense para lanzar cualquier operación contra enemigos potenciales que desafiaran a Estados Unidos en el Caribe. Con China controlando gran parte del resto del Caribe, Estados Unidos no tendría un lugar donde lanzar un bloqueo para detener a visitantes no deseados con intenciones nefastas, como hicimos durante la era de Kennedy.

Nos encontramos en esta situación sorprendente por muchas razones, pero principalmente debido a la Iniciativa Franja y Ruta de China, un plan de inversión en infraestructuras a largo plazo para crear una ruta comercial ininterrumpida para que los productos chinos den la vuelta al mundo sin la interferencia de ningún otro país. Si tiene éxito, el plan supondría un golpe maestro geopolítico, que situaría a China en el siglo XXI con el mismo estatus de potencia blanda del que gozaron Gran Bretaña y Estados Unidos en los siglos XIX y XX, respectivamente. En la actualidad, la principal ruta comercial de China comienza en Pekín. Una conexión ferroviaria a través de Siberia y Rusia lleva las mercancías chinas a Europa, y luego, desde París a través del Eurotúnel, llegan a Londres. Desde el Reino Unido, las mercancías chinas se cargan en barcos para el viaje transatlántico. Pero esta ruta septentrional depende demasiado de la influencia occidental. En caso de conflicto, China necesitaría una alternativa. Aquí entra en escena el puerto mediterráneo de Siria.

Bashar al-Assad, expresidente de Siria, cuenta con el respaldo tanto de Rusia como de Irán. Así que, como parte de su alianza estratégica, Irán y Rusia se han comprometido a ayudar a China a desarrollar un paso seguro al puerto mediterráneo de Siria. Para quienes se preguntan por qué Assad sigue en el poder después de todas las atrocidades que hizo esta es la respuesta: cualquiera que se atreva a acabar con él tendrá que vérselas con China, Rusia, Irán y sus estados clientes, que ahora parecen tener más poder militar que la OTAN si se tienen en cuenta sus recursos combinados, especialmente tras la presidencia aislacionista de Donald Trump. Europa ya no puede depender de que Estados Unidos la rescate, por lo que, si hay un conflicto con los aliados de China en Medio Oriente, Europa probablemente se mantendrá al margen.

Una vez cargados los barcos chinos en Siria o Inglaterra, necesitan atravesar el canal de Panamá (o el nuevo canal que China está construyendo en Nicaragua) para llegar al océano Pacífico y completar su ruta comercial mundial. Pero, para llegar a Panamá, deben pasar por Puerto Rico, que sigue perteneciendo al enemigo natural de China, Estados Unidos de América. Mientras Puerto Rico sea un territorio estadounidense sin soberanía, el Congreso aún podrá intervenir e impedir una presencia militar extranjera, cortando así el acceso a la Iniciativa Franja y Ruta de China.

Pero, ¿cuánto durará el estatus colonial de Puerto Rico en el mundo moderno? La mayoría de las antiguas colonias ya se han independizado. Los intereses económicos son los principales motores de la influencia extranjera hoy en día, más que la ocupación militar. Esta es precisamente la razón por la que los chinos tienen tanto interés en Puerto Rico. Por lo que he aprendido en mis visitas a Asia y hablando con grupos de empresarios chinos, lo mejor para China es intentar que Puerto Rico se aleje de la estadidad estadounidense y se acerque a la independencia nacional. Cuando eso ocurra, las inversiones chinas llegarán a raudales, convirtiendo rápidamente a Puerto Rico en un estado cliente más, como tantos países caribeños y latinoamericanos.

Actualmente, Puerto Rico es actualmente la única región de América Latina—que incluye las naciones del norte de América del Sur, toda América Central y las islas del Caribe—que aún no ha sido influenciada abiertamente y de forma significativa por los chinos. Solo en la última década, China ha invertido cientos de miles de millones de dólares en la región. Desde que Panamá se adhirió oficialmente a la Iniciativa Franja y Ruta, se han anunciado cuatro nuevos puentes que atravesarán el canal de Panamá. China le prestó a Venezuela más de 67 000 millones de dólares antes de detener sus inversiones en 2016 debido a la presión internacional. Los inversores chinos le condonaron miles de millones de dólares de deuda a Cuba, su segundo socio de China después de Venezuela. El mayor ganador potencial en la región podría ser Nicaragua, propuesta como sede de un nuevo proyecto de canal financiado por China, que competiría con Estados Unidos por el dominio del canal de Panamá. ¿Por qué China invertiría tanto en el Caribe y en sus países vecinos y no en Puerto Rico? Porque no puede, debido al estatus de Puerto Rico como colonia estadounidense. Estratégicamente, Puerto Rico sería el premio más importante de China porque bloquea la entrada al canal de Panamá por el sur del Caribe.

Es concebible que los chinos le ofrezcan a EE. UU. una gran cantidad de dinero para tomar posesión de Puerto Rico y su gente.

Esto puede parecer descabellado, pero es perfectamente legal según la legislación estadounidense actual. En 2016, el Tribunal Supremo de Estados Unidos dictaminó que Puerto Rico era un territorio no incorporado —una posesión— y que Estados Unidos podía hacer lo que le diera gana con la isla. Si quería vendérsela a China, junto con sus más de tres millones de residentes, que así fuera. Algunos de nuestros últimos presidentes podrían haber considerado esa oferta. Por lo que he oído, Donald Trump intentó hacer eso mismo en su anterior mandato. Intentó venderle Puerto Rico a Dinamarca a cambio de Groenlandia. Sin embargo, la inversión en Puerto Rico como nación soberana independiente podría costar una fracción de lo que implicaría una compra negociada. Los chinos seguramente están observando las tendencias electorales en Puerto Rico para ver si el número de votantes puertorriqueños que prefieren a un candidato a gobernador no estadista sigue creciendo, como lo ha hecho durante los últimos diez años, y es probable que fomenten ese crecimiento. El objetivo de China, por supuesto, es una Puerto Rico independiente. Una Puerto Rico independiente, desesperada por obtener dinero para resolver sus problemas fiscales, seguramente recurriría a China como para salvarse de su dependencia al "dólar yanqui". Ahora mismo, la mitad del presupuesto fiscal de Puerto Rico procede de transferencias federales estadounidenses. Si la isla ha de funcionar, el dinero de Puerto Rico no debería provenir de otro lugar, a menos, por supuesto, que decida convertirse en otro Haití y arreglárselas totalmente solo. Por muchas razones, esto no parece probable.

El gran problema para China sería que Estados Unidos se despierte y se dé cuenta de que China está llamando a su puerta trasera. Resulta interesante el comunicado de prensa del 16 de abril de 2020 de la oficina de la congresista estadounidense Jenniffer González-Colón, que representa a Puerto Rico en el Congreso:

> Hoy, el secretario de Comercio de los Estados Unidos, Wilbur Ross, anunció que la Administración de Desarrollo Económico del Departamento (EDA, por sus siglas en

inglés) otorgándole otorgará una subvención de $4.5 millones a la Autoridad Local de Reurbanización de Roosevelt Roads en San Juan, Puerto Rico, para rehabilitar un edificio y realizar otras mejoras de infraestructura en la antigua Estación Naval Roosevelt Roads. La subvención de la EDA apoyará a empresas incipientes centradas en el turismo, y se espera que cree 134 puestos de trabajo y estimule una inversión privada de 1.5 millones de dólares. El proyecto, que se ubicará en una Zona de Oportunidad designada por la Ley de Recortes de Impuestos y Empleos, contarán con 1.25 millones de dólares en fondos locales.

"La administración de Trump está comprometida a ayudar a Puerto Rico en su proceso de recuperación después de los huracanes de 2017", dijo el secretario de Comercio, Wilbur Ross. "La reurbanización de la Estación Naval de Roosevelt Roads reactivará una zona costera clave".

"Esta inversión rehabilitará el Edificio de Control Portuario de Roosevelt Roads para su uso como un espacio comercial de múltiples inquilinos que albergará empresas turísticas en etapa inicial", dijo Dana Gartzke, quien desempeña las funciones delegadas del subsecretario de Comercio para el Desarrollo Económico. "El proyecto también mejorará las calles y aceras para facilitar el tráfico peatonal y vehicular entre el emplazamiento comercial y la terminal del ferry, y la ubicación del proyecto en una Zona de Oportunidad fomentará un mayor desarrollo empresarial".

¿Esto podría ser una señal de que Estados Unidos está despertando ante la amenaza china en Puerto Rico? Es difícil saberlo. Pero, sea cual sea la presencia que China tenga actualmente en la isa, está envuelta en el secreto y estructurada a través de fondos de cobertura e inversores alternativos, por lo que es muy difícil determinar quiénes son los verdaderos responsables. El secretismo y subterfugio están motivados por el simple hecho de que Puerto Rico es una "posesión" estadounidense y, por lo tanto, a los chinos les conviene mantener un perfil de inversión muy bajo en la isla. Por supuesto, esto sería especialmente relevante si los chinos realmente hicieron un trato para comprar una base naval estadounidense en pleno funcionamiento en Puerto Rico, como me dijeron las personas que conocí después de mi discurso en Hong Kong en 2018. Se dice que los chinos poseen algunas propiedades hoteleras en Puerto Rico, específicamente el hotel Caribe Hilton en el Condado. Al caminar por las calles de San Juan, se ven familias asiáticas entrando y saliendo de sus casas en el casco antiguo, así como de sus condominios en Isla Verde, el Condado y otras partes la isla. Tal vez solo sean turistas, ¿quién sabe?

La gran pregunta es: si consideramos la cuestión de la descolonización de la isla desde una perspectiva geopolítica, ¿le convendría a Puerto Rico ser una "posesión" de EE. UU. o ser deudora de China, por todas las infraestructuras, servicios públicos y empresas de desarrollo que le ofrecerían si se vuelve independiente?

Es obvio que Puerto Rico no puede ser ambas cosas. Una vez más, el pueblo tendrá que elegir. ¿Se convertirá en una nación independiente y aceptará el dinero "gratuito" de China? ¿O preferirá seguir recibiendo dinero "gratuito" de Estados Unidos como ciudadanos estadounidenses y seguir siendo una colonia?

"¡Denme la libertad o denme la muerte!" fue el grito de guerra del movimiento independentista estadounidense. Sin embargo, Puerto Rico tiene poca libertad como colonia de EE. UU., y tal vez tenga aún menos como país independiente que depende de las inversiones en dólares y la deuda chinos. La estadidad estadounidense ofrece otra alternativa, pero las elecciones recientes reflejan un interés cada vez menor en los candidatos a favor de la estadidad. Dado que las elecciones de 2020 confirman esta tendencia, las posibilidades de que Puerto Rico tenga otra oportunidad para la estadidad son, probablemente, "escasas o nulas".

Este no es solo un momento crucial para Puerto Rico, sino también para Estados Unidos. Si el Congreso decide concederle a Puerto Rico la ciudadanía sin estadidad, China podrá invertir abiertamente allí a su antojo. Las implicaciones de este escenario son, como mínimo, inquietantes para la seguridad estratégica de Estados Unidos. Les guste o no a los dirigentes estadounidenses, Puerto Rico es la última fortaleza de Estados Unidos en el Caribe y ha llegado el momento de comprender lo que está en juego en el debate sobre la soberanía de la isla.

CÓMO LLEGAMOS A ESTA ENCRUCIJADA

AUNQUE NO SOY PUERTORRIQUEÑO DE NACIMIENTO, HE ESTADO casado con mujeres puertorriqueñas. Mis hijos, Michael y Sasha, son tan puertorriqueños como cualquier otra mezcla étnica que hayan podido heredar de sus padres. Y aunque el español es mi cuarta lengua—después del ruso, el serbocroata y el inglés—con los años he adquirido un acento claramente puertorriqueño.

Profesionalmente, llevo más de medio siglo trabajando en Puerto Rico, y sigo haciéndolo hoy en día. A finales de la década de 1970, inicié desde cero mis propias operaciones de seguros y valores en Puerto Rico. En 1985, contaba con más de 300 personas, entre empleados, agentes de seguros a tiempo completo y corredores de valores. Operaba desde tres oficinas en Puerto Rico y una en las Islas Vírgenes estadounidenses. Aetna compró mis operaciones ese mismo año.

Políticamente, he participado en el movimiento de descolonización durante más de treinta años. He escrito columnas en periódicos, boletines y libros sobre Puerto Rico. Me he reunido personalmente con miembros influyentes del Congreso de los Estados Unidos en Washington, D. C, como Trent Lott, Tom Daschle, Hillary Clinton y el expresidente Joe Biden. Mientras estaba metido hasta las cejas en política, mi libro *Pago a la Orden de Puerto Rico* expuso cómo las grandes farmacéuticas influyen en el Congreso para mantener a Puerto Rico como colonia y seguir aprovechando los miles de millones de dólares en créditos fiscales. El libro también describía mis intentos de lanzar un proyecto de ley en la Cámara de Representantes para crear una vía para la estadidad de la isla. Conocido como el proyecto de ley Young, fue aprobado por la Cámara por un voto, pero nunca llegó al Senado. Durante más de medio siglo, la cuestión de si Puerto Rico debe convertirse en un estado de EE. UU. ha condicionado la política de la isla. A pesar de los múltiples referéndums y los millones de dólares gastados, el estatus territorial de Puerto Rico ha cambiado muy poco desde 1917.

Hay muchas razones por las que intentos de alcanzar la estadidad han fracasado repetidamente, pero la razón más importante podría ser que muchos de los empresarios locales influyentes que dicen públicamente que les gustaría que Puerto Rico se convirtiera en un estado en realidad no quieren que eso ocurra. La estadidad significaría pagar impuestos federales sobre sus ganancias, lo que podría dificultar la rentabilidad de sus negocios. Peor aún, a sus ojos, los ricos podrían verse obligados a pagar impuestos sobre el patrimonio, eliminando una fuente clave de ingresos de la que las familias puertorriqueñas han dependido durante generaciones. Aunque respeto sus tendencias capitalistas, me cuesta tragarme su hipocresía. Esa acusación puede parecer un poco extrema para algunos, así que permítanme dar un paso atrás y explicar cómo he llegado hasta aquí. No pretendo ser un experto en el movimiento de descolonización de Puerto Rico, pero en la década de 1980 un grupo de puertorriqueños adinerados (en su mayoría republicanos) me reclutó para ayudar a organizar el cabildeo ante el Congreso de Estados Unidos a favor de la estadidad. Mis antecedentes como emigrante europeo y asesor financiero parecían convertirme en el candidato ideal. Yo era el puertorriqueño "no puertorriqueño" que sabía cómo relacionarse e influir en el público de Estados Unidos continental gracias a mi experiencia den los negocios. Mis habilidades no eran técnicas. Simplemente era un buen vendedor (y un buen reclutador y gestor de otros vendedores). Acepté el trabajo porque creía en el objetivo del grupo: lograr la autodeterminación de Puerto Rico mediante la descolonización.

Cuando hablaba con los miembros del Congreso, enfocaba mi mensaje desde la perspectiva del Estados Unidos continental. Intenté hacerles ver cómo un cambio en el estatus político de Puerto Rico aportaría equidad a la relación de la isla con Estados Unidos y empoderaría a una población de ciudadanos estadounidenses privados de sus derechos. Les expliqué cómo el gobierno de Estados Unidos se ha negado sistemáticamente a darle al pueblo puertorriqueño lo que realmente necesita para prosperar: la soberanía, por la que lleva esperando más de 500 años. Desafortunadamente, algunos miembros del Congreso tuvieron el descaro de decirme que los puertorriqueños han demostrado a través de otros referéndums que simplemente no son capaces de decidir lo que quieren. Se atreven a decir esto a pesar de que numerosas decisiones del Tribunal Supremo han dictaminado específicamente que los puertorriqueños no tienen derecho a la autodeterminación y que solo el Congreso de Estados Unidos puede decidir el estatus político del territorio.

Mientras ejercía presión en el Congreso, escribí un folleto titulado "Puerto Rico en la encrucijada", que distribuí entre muchos políticos influyentes. En él, exponía en términos muy técnicos todas las razones por las que el estatus colonial de Puerto Rico debía cambiar para asegurar el futuro de la isla. He incluido una versión actualizada de este folleto en el apéndice, ya que gran parte de lo que escribí en ese entonces sigue siendo sorprendentemente relevante. El quid de mi argumento era que, para tomar una decisión con conocimiento de causa, cualquier pueblo colonizado necesita disponer de un mecanismo para hacerlo. Sin soberanía, ya sea como ciudadanos con derecho a voto de Estados Unidos o como nación independiente, hay demasiados intereses financieros y políticos arraigados que les impiden a los puertorriqueños decidir qué es lo mejor. Si el Congreso eliminara los créditos fiscales y pusiera a las empresas estadounidenses en igualdad de condiciones con sus homólogas tanto en Puerto Rico como en los Estados Unidos continentales, solo entonces el pueblo de Puerto Rico sería libre para tomar una decisión sobre su estatus político. Desgraciadamente, mis argumentos nunca calaron. En 1998, la Cámara de Representantes de EE. UU. aprobó un proyecto de ley por un voto para crear un marco para que el pueblo de Puerto Rico celebrara un referéndum vinculante sobre la estadidad, pero la legislación quedó frenada en el Senado de EE. UU.

Hoy, Puerto Rico se encuentra de nuevo en una encrucijada. Desde 1998, ha habido intentos importantes para alcanzar la estadidad, tanto en Puerto Rico como en el Congreso de los EE. UU., pero ninguno ha dado lugar a una acción decisiva. Ciertamente, son varios los motivos que explican este fracaso, pero creo que la razón principal es que las personas que encabezaron estos intentos se han negado a considerar el simple hecho de que, si quieres venderle algo a alguien, tienes que presentarlo de una manera que beneficie al comprador, no al vendedor. Los argumentos lógicos y jurídicos solo funcionan en los tribunales. Cuando se trata de influir y motivar, hay que conmover al comprador. Solo entonces podrá utilizar la lógica para justificar las emociones del comprador y obligarlo a actuar. Esa es la primera lección de las ventas, pero la mayoría de las campañas para conseguir la estadidad de Puerto Rico la han ignorado por completo.

Durante las elecciones de 2020, alrededor de la mitad de los votantes de Puerto Rico no eligieron la estadidad como su estatus político preferido. Se puede intelectualizar estos resultados con todo tipo de argumentos complejos de que, tal vez, los votantes puertorriqueños estaban "confundidos" y no creían realmente en lo que habían votado. Incluso se puede discutir sobre los porcentajes exactos por un par de puntos. Se mire como se mire, aproximadamente la mitad de los habitantes de Puerto Rico que votaron en las elecciones de 2020 no votaron a favor de la estadidad.

Algunos piensan que las elecciones estadounidenses de 2020 podrían haber abierto una nueva oportunidad para la estadidad. Ya que los demócratas conservaron la mayoría en la Cámara de Representantes y ganaron por poco el Senado y recuperaron la Casa Blanca, el nuevo enfoque podría ser utilizar esta mayoría para convertir a Puerto Rico en un estado, junto con Washington, D. C, de modo que los demócratas podrían agregar otros cuatro escaños al Senado y otros seis a la Cámara de Representantes, suponiendo que todos los funcionarios electos de estos dos nuevos estados se sean demócratas, lo que es probable.

A primera vista, parece sencillo y lógico y, quién sabe, incluso podría funcionar. Pero, además del hecho de que aproximadamente la mitad de los puertorriqueños que viven en la isla no votaron a favor de la estadidad, esta es la situación a la que se enfrentan los partidarios de la estadidad:

- Hay muchos puertorriqueños que ahora viven en los EE. UU. y no están a favor de la estadidad de Puerto Rico, así como sus funcionarios electos, que son en su mayoría demócratas.
- Todas las corporaciones que operan en Puerto Rico apoyan a los partidos "no estadistas". Se benefician de miles de millones de dólares en créditos fiscales, siempre y cuando Puerto Rico no se convierta en un estado. También aportan millones de dólares al Partido Demócrata y utilizan sus contribuciones como "espada de Damocles" durante la época electoral.
- Hay miles de antiguos residentes estadounidenses que se han trasladado a Puerto Rico para evitar pagar impuestos

federales sobre las plusvalías, por el valor de cientos de millones de dólares.

- Y, por supuesto, la oposición más importante: todo el Partido Republicano estadounidense, que no quiere más demócratas en el Congreso.

Todos estos potenciales oponentes tienen historias muy convincentes que contar, incluyendo: "¿cómo pueden convertir a Puerto Rico en un estado si la mitad de sus habitantes están en contra?".

A la luz de todo esto, la idea de vender la idea de la estadidad de Puerto Rico a los republicanos opositores y a la mitad de los residentes de Puerto Rico parece una tarea realmente pesada.

Y dado que los principales partidarios del plan son demócratas del Congreso estadounidense de ascendencia puertorriqueña, hay muchas posibilidades de que, independientemente de cuántos demócratas voten a favor de la estadidad en el Senado, haya suficientes demócratas que apoyen a los republicanos para impedir la estadidad, especialmente porque muchos partidarios de la estadidad son republicanos que hicieron campaña por Donald Trump en Florida. Esto incluye a la recién elegida comisionada residente de Puerto Rico en su segundo mandato, la representante Jenniffer González-Colón. ¿Será una estadista leal o una republicana leal? Y qué decir del gobernador saliente y del ex fiscal general de Puerto Rico,—miembros del Partido Nuevo Progresista (PNP), que apoya la estadidad—ambos republicanos que hicieron campaña por Donald Trump, un presidente que expresó en muchas ocasiones su oposición a la estadidad de Puerto Rico. ¿Dónde yace su lealtad?

Cuando fui a Washington en la década de 1990, quería la estadidad para Puerto Rico porque creía que era la mejor opción para la descolonización, especialmente desde una perspectiva económica. Pero, como la mitad del pueblo de Puerto Rico se opone a la estadidad, me resulta difícil seguir apoyando esa solución. Si al menos dos tercios del pueblo de Puerto Rico manifestara un claro deseo de estadidad, entonces apoyaría sus esfuerzos. Pero si una clara mayoría de puertorriqueños vota por un estatus político diferente, entonces que así sea. Apoyaré la voluntad del pueblo de Puerto Rico.

Lo que no puedo apoyar en absoluto es el pésimo statu quo de Puerto Rico.

Más del 50 % de los puertorriqueños están por debajo del umbral oficial de pobreza medido por el Banco Central de Estados Unidos. La renta per cápita EN Puerto Rico es menos de la mitad de la renta per cápita de Mississippi, el estado con la renta per cápita más baja de Estados Unidos. El importe total en dólares de los cupones de alimentos de los puertorriqueños—que se pagan en efectivo—es superior al de cualquier estado de EE.UU. Es más, Puerto Rico debe comprar todo lo que necesita en el territorio continental de EE. UU., y debe enviar esos bienes utilizando buques insignia de EE. UU., lo que encarece mucho el costo de esos bienes.

El gobierno de Puerto Rico depende totalmente de las transferencias de EE.UU., que hoy superan los 10000 millones de dólares anuales, y podrían estar cerca del 50 % del presupuesto fiscal actual de la isla.

La base de empleo total de la isla ha llegado a ser de un millón de personas, pero en los últimos diez años se ha reducido a unas 900000. Alrededor de un tercio de los empleos de Puerto Rico proceden de puestos gubernamentales, el 8 % de la industria manufacturera y el 3 % de las empresas controladas por Estados Unidos, que a menudo afirman falsamente ser el sustento principal de la economía puertorriqueña. El resto de la economía está impulsada por pequeñas empresas locales, como el comercio minorista, la construcción, las finanzas y los servicios.

Según un informe de 2020 del Consejo de Relaciones Exteriores titulado "Puerto Rico: A US Territory in Crisis" (Puerto Rico: un territorio estadounidense en crisis), "el crecimiento económico anual cayó aproximadamente un 7.5 % en general entre 2004 y 2019, mientras que la población de Puerto Rico se redujo en más de un 16 %. También ha entrado en proceso de bancarrota después de incumplir el pago de su enorme deuda, una espiral descendente que se ha visto agravada por los desastres naturales, la mala gestión y la corrupción del gobierno, la pandemia del coronavirus y la disminución de la población".

Podría seguir, pero creo que ya he dejado en claro mi opinión. Este desastre es el resultado de cientos de años de mala política, normas injustas, hacer la vista gorda y tratar a Puerto Rico como una "posesión" en lugar de un valioso socio estratégico en el Caribe. Ahora, la negligencia de EE. UU. hacia la isla podría volverse en nuestra contra a lo grande. ¿A alguien le sorprendería que los puertorriqueños decidieran que su relación con Estados Unidos es tóxica y votaran en contra de la estadidad? ¿Y acaso resultaría sorprendente si Puerto Rico buscara en otra parte un socio estratégico más atento, como China? Yo creo que no.

UNA HISTORIA POPULAR DE PUERTO RICO

PARA ENTENDER LO QUE EL PUEBLO PUERTORRIQUEÑO PODRÍA querer hoy, es útil conocer su historia. Puerto Rico fue descubierto en 1493 por Cristóbal Colón, que lo reclamó para el reino de España. El primer gobernador oficial de la isla fue Juan Ponce de León, un conquistador que se hizo famoso por su brutal represión de los indígenas taínos. Puerto Rico fue una colonia española hasta 1897, año en que se le concedió una independencia limitada. Por desgracia, no duró mucho. Hacia el final de la guerra hispano-estadounidense, España decidió que quería vender sus colonias a Estados Unidos por 20 millones de dólares. El Congreso estadounidense rechazó la oferta y dijo que Puerto Rico, Cuba, Guam y Filipinas juntas no valían tanto dinero. El magnate de la prensa sensacionalista William Randolph Hearst—que había azuzado el sentimiento público a favor de la guerra hispano-estadounidense—ofreció comprar las cuatro colonias directamente. Sin embargo, el Congreso no consideró apropiado que un particular poseyera cuatro países y Hearst se vio impedido de seguir adelante.

Parecía que todos los territorios se encaminaban hacia la independencia hasta que el grupo de presión de los libros de texto estadounidenses convenció al Congreso de que, si Estados Unidos compraba las colonias, podría imponer el inglés como lengua de enseñanza en sus escuelas. Los cuatro países tendrían entonces que comprar libros de texto en inglés, que por supuesto se producirían en Estados Unidos. De este modo, argumentaban los grupos de presión de los libros de texto, Estados Unidos recuperaría la inversión de 20 millones de dólares (más los beneficios). Desgraciadamente, alguien se olvidó de decirle al Congreso estadounidense que España no tenía derecho a vender Puerto Rico, ya que la isla se encontraba en vías de independencia desde 1897; no importa, todos sabemos que el dinero manda. La compra estadounidense de Puerto Rico se efectuó el 18 de octubre de 1898, y las tropas estadounidenses ocuparon rápidamente Puerto Rico como su "posesión" comprada y pagada.

En los primeros días, hubo mucha actividad antiamericana: insurrecciones, protestas y otros conflictos de guerrillas. Estados Unidos estaba lidiando con conflictos similares en Filipinas y Cuba, y le terminó otorgando a Cuba su independencia cuatro años después, en 1902. Después, en 1916, el Congreso aprobó un proyecto de ley llamado Ley Jones que le concedía la independencia a Filipinas, aunque no se completaría hasta el final de la Segunda Guerra Mundial, treinta años más tarde. Tras perder Cuba y Filipinas, Estados Unidos no quería regalar Puerto Rico, así que ideó un interesante "truco" para detener las insurrecciones, que le estaban costando mucha sangre y tesoro a Estados Unidos. Por "truco" me refiero al término ajedrecístico según el cual, hagas la jugada que hagas, pierdes. Era sencillo: el Congreso aprobó la segunda Ley Jones para convertir a los puertorriqueños en ciudadanos estadounidenses en 1917 (véase el apéndice al final del libro con el texto de esta y otras leyes estadounidenses aprobadas sobre Puerto Rico). El objetivo principal de esta ley era regular el transporte marítimo estadounidense, pero como idea de último momento, los redactores añadieron un par de páginas que concedían la ciudadanía estadounidense a los puertorriqueños. Esta decisión causó mucho furor en el Congreso. Las audiencias formales se convirtieron en discusiones a gritos sobre la imposibilidad de convertir a los "mestizos" puertorriqueños en ciudadanos estadounidenses, cuando ni siquiera eran seres humanos como los verdaderos estadounidenses. Incluso el presidente Woodrow Wilson fue citado haciendo tales declaraciones. En medio del alboroto, el Congreso se decantó por la idea de conceder a los puertorriqueños la ciudadanía estadounidense "temporal" o estatutaria. De este modo, podría revocar su condición de ciudadanos en cualquier momento. Así, los puertorriqueños se convirtieron en ciudadanos de segunda clase, todo un "truco", ¿no?

La segunda Ley Jones también le proporcionó al gobierno estadounidense la munición necesaria para encarcelar a cualquiera que hablara o actuara en contra de los intereses de Estados Unidos. Al convertir a los puertorriqueños en ciudadanos estadounidenses, los insurrectos dejaron de ser considerados legalmente "luchadores por la libertad". Esto no solo significaba que se acababa el apoyo exterior, sino que ahora se los consideraba terroristas y podían ser acusados de sedición y ejecutados o encarcelados de por vida. Nada de esto era justo, pero entonces ¿a quién le importaba? Al fin y al cabo, los habitantes de Puerto Rico no eran más que "mestizos" que no merecían la misma libertad de expresión o de reunión pacífica de la que disfrutaban los "verdaderos" ciudadanos estadounidenses del continente.

No nos equivoquemos, Estados Unidos sabía exactamente lo que estaba haciendo. Mientras que la mayoría de las naciones imperialistas de la época habían luchado contra insurrecciones en sus colonias, Puerto Rico solo había tenido una insurrección menor en toda su historia colonial, mucho antes de la colonización estadounidense: el Grito de Lares. La revuelta comenzó en 1868, después de que un fabricante de zapatos judío de Nueva Orleans trasladara su fábrica a Lares (Puerto Rico), donde la mano de obra era más barata que en el territorio continental de Estados Unidos. Esto se parece mucho a lo que los fabricantes estadounidenses han estado haciendo en las dos últimas décadas, trasladándose a México o China, ¿verdad? Pues bien, poco después de este traslado, España decidió aplicar un impuesto especial a los artículos de cuero, lo que afectó los beneficios del fabricante de zapatos. Tuvo que tomar una decisión: cerrar la fábrica y dejar a sus trabajadores sin trabajo o manifestarse en contra del impuesto. Eligió la segunda opción y les dijo a sus trabajadores que marcharan con él, protestaran contra el impuesto y exigieran la independencia de España. Los manifestantes fueron rápidamente reprimidos. Dada esta historia relativamente pasiva, Estados Unidos debió de pensar que los puertorriqueños no impulsarían seriamente la independencia si se les ponía delante un obstáculo como la "ciudadanía estadounidense". ¿Y adivinen qué? Los políticos estadounidenses tenían razón. A día de hoy, Puerto Rico es la única colonia en la historia del colonialismo que nunca ha organizado una insurrección exitosa contra sus colonizadores.

Otro factor importante que moldeó el desarrollo económico y cultural de Puerto Rico fue su conexión con el territorio de Luisiana, brevemente gobernado por España tras la derrota de Francia en la Guerra de los Siete Años. El problema tanto en Luisiana como en Puerto Rico era que la distribución de bienes se regía por los códigos coloniales franceses. Básicamente, esto significaba que, si uno tenía cien acres y cincuenta esclavos para trabajar la tierra, sus diez hijos heredarían cada uno diez acres y cinco esclavos. Esto se llamaba "herencia forzosa", y todavía existe en una forma suavizada tanto en Luisiana como en Puerto Rico.

La mayoría de las colonias españolas del Caribe estaban pobladas por españoles junto con sus esclavos y descendientes. Un reformador militar de origen irlandés llamado Alejandro O'Reilly cambió esa situación. España lo envió a Luisiana en 1769 para llevar a cabo una reforma agraria. La llevó a cabo de la siguiente manera: hizo correr la voz de que, si alguien en Europa traía 125 esclavos de África a

Luisiana o Puerto Rico, se le concederían hasta mil acres de tierra. Las reformas de O'Reilly animaron a los alemanes a venir a Puerto Rico a criar cerdos en Utuado; a los corsos a venir a cultivar café en Yauco; a los franceses a venir a cultivar caña de azúcar en Guayama; entre otros casos. Así fue como Puerto Rico, a diferencia de otras colonias españolas, se convirtió en una sociedad europea multinacional y multiétnica. La mayoría de los habitantes nativos fueron exterminados en pocos años por los colonizadores o fallecieron por las enfermedades que trajeron de Europa.

Tras la adquisición de la isla por Estados Unidos, la política local fue prácticamente inexistente. Entre 1898 y finales de la década de 1940, el gobernador de Puerto Rico siempre fue nombrado por el presidente de Estados Unidos. Pero las cosas empezaron a cambiar en la época de la Guerra Fría. En 1948, el primer gobernador electo de Puerto Rico se instaló en "La Fortaleza", la mansión del gobernador. Su nombre era Luis Muñoz Marín, y tuvo un gran impacto en la política puertorriqueña.

El Sr. Muñoz Marín era un tipo brillante. Hijo de Luis Muñoz Rivera, que fue comisionado residente en Washington, D. C, Muñoz Marín pasó un tiempo en Greenwich Village, Nueva York, escribiendo para uno de los periódicos locales, entre en los años treinta y principios de los cuarenta. Era la época de los "beatniks", y Muñoz Marín era conocido por frecuentar a otros escritores, artistas, músicos, revolucionarios e intelectuales como él. Algunos dicen que era adicto al opio, pero esto puede haber sido un ataque político basado en su apariencia a menudo desaliñada. Al ser hijo del comisionado residente de Puerto Rico en Washington D. C, Muñoz Marín fue vigilado de cerca por el FBI durante gran parte de su vida. Si desea saber más sobre el Sr. Marín, el libro *War Against All Puerto Ricans* (*Guerra contra todos los puertorriqueños*), de Nelson A. Denis, contiene todos los archivos del FBI sobre él. Sin embargo, gracias a esos archivos, la Casa Blanca pudo controlar al primer gobernador electo de Puerto Rico.

Muñoz Marín impulsó de forma brillante su agenda, cortejando a la prensa y utilizándola para fortalecer su posición como gobernador. Mi vecino y amigo Ronald Walker, periodista en Puerto Rico, solía contarme cómo Muñoz Marín invitaba a todos los miembros de la prensa a su casa los domingos para comer hamburguesas y tomar cerveza. No, el gobernador no les servía arroz con pollo, carne frita, tostones o asopao con bebidas como cañita o pitorro. En cambio, Muñoz Marín asaba él mismo las hamburguesas y servía jarras de cerveza, dos cosas que sabía que les encantarían a los periodistas. Esta muestra de humildad, en mi opinión, puede dar a los líderes un inmenso poder porque genera lealtad, y Muñoz Marín era un maestro en esto.

Al principio de su carrera, el principal objetivo de Muñoz Marín era establecer un estatus político especial para Puerto Rico como un verdadero "Estado Libre Asociado". En otras palabras, un estatus político que combinara la soberanía con una estrecha relación con Estados Unidos. Hoy, la mayoría de los puertorriqueños lo llaman estatus de "libre asociación". Pero Muñoz Marín no consiguió lo que quería del Congreso estadounidense. La Ley 600, aprobada en 1954, solo garantizaba le al pueblo de Puerto Rico un "autogobierno limitado". Marín le dijo al Congreso que esto era insuficiente, ya que la isla seguía siendo tratada como una colonia bajo la nueva ley. El gobernador le prometió al Congreso que sometería la cuestión a votación en Puerto Rico. Les dijo a los gobernadores estadounidenses que, si el pueblo rechazaba el autogobierno limitado, volvería a luchar por el reclamo principal: la soberanía. Pero cuando el gobernador regresó a Puerto Rico, le dijo a la gente que el Congreso de EE. UU. les había dado un nuevo estatus, que él llamó "estado libre asociado". En un gesto de excesiva confianza, dio a entender que Puerto Rico ya no era una colonia de los EE. UU. En secreto, Muñoz Marín estaba seguro de que, cuando el senador John F. Kennedy llegara a la presidencia, Puerto Rico obtendría finalmente el estatus de "estado libre asociado" que tanto había buscado, ya que eso era lo que el senador de Massachusetts había prometido.

Así, el mito continuó, el Gobernador Muñoz Marín confió en la promesa del Senador Kennedy, y los miembros del partido político de Muñoz Marín, el Partido Popular Democrático (PPD), creyeron la mentira de su Gobernador.

Unos cinco años más tarde, cuando Kennedy se convirtió en presidente, Muñoz Marín fue a la Casa Blanca para ultimar los detalles. Pero Kennedy se negó a recibirlo. Tras esperar en la sala de recepción durante días, el gobernador hizo las maletas y regresó a Puerto Rico con el corazón roto. Lea *La isla desencantada* de Ronald Fernández si quiere conocer la historia completa. Pocos años después, Muñoz Marín abandonaría la política y se retiraría, totalmente decepcionado por el trato que había recibido de la Casa Blanca. Su sucesor, Roberto Sánchez Vilella, se convirtió en el siguiente gobernador de Puerto Rico, aunque el mito de Muñoz Marín de un "estado libre asociado" seguía vivo. Muñoz Marín nunca admitió explícitamente al pueblo de Puerto Rico que no había sido capaz de cumplir su promesa, lo que hizo que muchos habitantes creyeran que ya no vivían en una colonia, cuando en realidad sí lo hacían.

Le pedí a un buen amigo mío, José Alfredo Hernández Mayoral, su opinión sobre el legado de Muñoz Marín. "Muñoz Marín dirigió y gobernó de acuerdo con objetivos sociales claramente definidos, que a menudo esbozaba en público", me dijo. Mi amigo citó entonces una entrevista con Muñoz Marín del libro de 1945, *Dinamita a las puertas de casa*. En aquella época, cuando Muñoz Marín era presidente del Senado de Puerto Rico, le preguntaron cuáles eran las exigencias razonables de la vida. Respondió:

> En primer lugar, algo que los griegos definen como sinceridad [nota: Hernández cree que se trata de una traducción errónea de "serenidad"]; después, la luz del sol, los jardines, la paz de espíritu, el amor hacia tus hijos, tiempo para pensar en Dios y todas las otras cosas que son buenas y grandes y gratuitas y que no requieren explotación ni quitarle nada a nadie. Debes tener un techo sobre tu cabeza, una buena relación con tu familia. Deberías tener vínculos

sinceros con los seres humanos de tu vida, no tenerle miedo al hambre ni a la inseguridad. Deberías hacer tantas cosas creativas como puedas.

En un discurso pronunciado una década más tarde, Muñoz Marín amplió muchas de esas ideas:

> Que nuestro pueblo pueda vivir cada día acercándose al deseo más profundo de su corazón: una vida estable de clase media, no en las chabolas. Que pueda tener un trabajo honrado con un salario adecuado y una vida buena y tranquila. Este es el sueño del pueblo para nuestra nación.
>
> Que las familias ganen confianza al educar a sus hijos, preparándolos así para el futuro y protegiéndolos de las enfermedades, la vejez y la mala suerte. Este es el núcleo del sueño del pueblo para nuestra nación.
>
> Que quienes estén dispuestos a trabajar duro ganen un poco más en esta vida, tal vez mucho más, pero que nadie tenga menos. Este es el núcleo del sueño del pueblo para nuestra nación.
>
> Que la gente pueda trabajar con placer, con libertad, con deber, con sus derechos protegidos y respeto por los demás. Que la gente contribuya al bien común y lo vea como una oportunidad positiva, no solo como un deber. Este es el corazón del sueño del pueblo para nuestra nación.

El corazón de Muñoz Marín estaba probablemente en el lugar correcto, pero Estados Unidos no le dio la oportunidad de cumplir su promesa. Él quería que Puerto Rico fuera reconocido como una verdadera nación, con un vínculo estrecho con EE.UU., no simplemente como una "posesión" de un ocupante. En su último discurso sobre el Estado del Estado Libre Asociado en 1964, Muñoz Marín enumeró lo que llamó el "Propósito de Puerto Rico".

La educación de calidad y el acceso a la atención médica deben estar al alcance de todos y contribuir al bienestar de nuestra nación.

Cada familia debe poder ser propietaria de su propia vivienda y el desarrollo de nuestro país debe ser equitativo entre las zonas rurales y urbanas. La riqueza creada por la creciente economía puertorriqueña debe beneficiar a todos y, en consecuencia, el sector privado debe dejar un mundo mejor para los niños de nuestro país y abolir para siempre la pobreza extrema.

Felicito a Muñoz Marín por sus ideales. Y realmente no puedo culparlo por no tener del todo claro el estatus de Puerto Rico, porque creo que realmente esperaba que el senador Kennedy cumpliera su promesa cuando llegara a la presidencia. ¡Bienvenido a la política! Una vez escuché a un cómico decir que todos los políticos hacen la misma promesa solemne: "Si soy elegido, prometo que todas mis promesas seguirán siendo siempre promesas". Por desgracia, el gobernador Muñoz Marín se lo creyó. Pero sigo pensando que fue brillante. He aquí una razón más de: en 1954, el 50 % de los puertorriqueños no tenía zapatos. Puerto Rico tenía la renta per cápita más baja del Caribe. La gente vivía en chozas de paja con suelos de tierra y ganaba salarios deplorables que las plantaciones, los agricultores y otros empresarios les pagaban en forma de créditos que podían utilizar para comprar cosas en la "tienda de la empresa". Todo estaba amañado contra los pobres. Muñoz Marín quería cambiar eso, así que promovió lo que llamó "Operación Bootstrap" para traer la manufactura estadounidense a Puerto Rico. En el transcurso de una generación, los puertorriqueños ya vivían en casas nuevas en Levittown, conducían Toyotas y usaban zapatos nuevos.

A la larga, la "Operación Bootstrap" fue a la vez un milagro y una maldición. Si bien sacó rápidamente a la economía de Puerto Rico de la edad media y la insertó en el mundo moderno, además de consolidar a las corporaciones estadounidenses como los principales árbitros del estatus político y la economía de Puerto Rico. A día de hoy, estas empresas siguen llevando la voz cantante en lo que respecta al estatus de Puerto Rico, tanto en el gobierno local como en el Congreso estadounidense. Estas empresas gastan millones para presionar a ambos grupos para conseguir lo que quieren, y sus intereses no siempre están alineados con los del pueblo puertorriqueño. Mi amigo José Alfredo quizá resume mejor a Muñoz Marín:

> Era coherente en sus ideas y prioridades, y sus logros en esas áreas fueron notables. Cuando empezó, el 70 % de la población nunca había consultado un médico. Cuando dejó el cargo, la esperanza de vida había aumentado veinte años. El milagro económico no necesita recuento, ni la eliminación gradual de las chabolas [. . .] Los independentistas odian a Muñoz porque abandonó la independencia y creó el concepto de mancomunidad. Y por eso lo acusan de plegarse a EE. UU., incluso de ser víctima de chantaje por parte de EE. UU. (sin más pruebas que un expediente Hoover tan creíble como sus otros expedientes). Pero ese cambio estaba muy en consonancia con sus prioridades. La gente necesita una casa, educación, buena salud, antes que "soberanía"" Y él, mucho más que cualquier otro puertorriqueño que vino antes o después, les dio eso.

A finales de la década de 1960, el sucesor del gobernador Muñoz Marín, Sánchez Vilella, fue derrotado por el hombre más rico de Puerto Rico, Luis A. Ferré, que formó el PNP. El partido abogaba explícitamente por la estadidad; sin embargo, creo que Ferré solo apoyaba esta causa para poder controlar el proceso, de modo que Puerto Rico nunca llegara a convertirse en un estado. Se rumoreaba que su patrimonio ascendía a cientos de millones. En aquella época, si Puerto Rico se convertía en estado, cuando muriera, la mitad de su fortuna habría ido a parar al gobierno federal. Como sus herederos no querían eso, utilizaron uno de los "negocios familiares", un poderoso imperio de medios de comunicación, para promover la oposición a la estadidad. Con una sonrisa sospechosa, Ferré se limitó a mirar hacia otro lado.

Ahora, en Puerto Rico hay tres partidos políticos principales alineados en torno a posiciones políticas de estatus: PNP, que está a favor de la estadidad; el Partido Democrático Puertorriqueño (PDP), que está a favor de mantener el actual estatus colonial; y el Partido Independentista Puertorriqueño (PIP), a favor de la independencia. El PIP está formado por verdaderos independentistas nacionalistas que solo quieren la independencia pura de Puerto Rico, sin "acuerdo de libre asociación". Suelen obtener alrededor del 5 % de los votos.

Por otro lado, el PPD está dividido entre los que preferirían un "acuerdo de libre asociación" como nación soberana con EE. UU., que representan más del 50 % de sus votantes, y los que se oponen a este acuerdo. El PPD está respaldado principalmente por las corporaciones extranjeras controladas por EE. UU, que gastan muchos millones de dólares para impedir la estadidad de Puerto Rico porque esto significaría tener que pagar impuestos federales y perder miles de millones en créditos fiscales federales. Apoyan plenamente al PPD y gastan muchos más millones en cabildeo en el Congreso de EE. UU. y en contribuciones políticas para asegurarse de que la estadidad no se produzca.

El PNP, aunque afirma que prefiere la estadidad, sabe que cuando se logre estará "fuera del negocio" como partido y tendrá que elegir si se alinea con los republicanos o con los demócratas. Muchos miembros ricos del PNP dicen estar a favor de la estadidad, pero podrían volverse en contra de la idea si la posibilidad se vuelve real. La verdad es que la mayoría no quiere pagar impuestos federales ni perder su influencia dentro del partido. Aunque el PNP está financiado principalmente por puertorriqueños ricos que buscan permisos y favores del gobierno, el mayor bloque de votantes no es rico, de hecho, muchos son beneficiarios de cupones de alimentos y viven por debajo del umbral de pobreza. Su interés en la estadidad gira en torno a los numerosos beneficios federales de los que disponen los residentes del territorio continental de Estados Unidos, no los puertorriqueños. Un antiguo gobernador del PNP, que ejerció tres mandatos como gobernador y dos como comisionado residente, declaró en una ocasión: "La estadidad es para los pobres".

Hace algunos años en Puerto Rico, la inclinación hacia la estadidad era mucho mayor. En ese entonces, un gobernador que estaba a favor de la estadidad podía contar normalmente con alrededor del 50 % de los votos en cualquier elección. Sin embargo, el último gobernador electo del PNP solo obtuvo el 41 %. Esto indica que la inclinación hacia la estadidad puede estar disminuyendo (véase el gráfico del apéndice sobre elecciones pasadas). En las elecciones de 2020, el gobernador proestadidad del PNP ganó con solo el 32 % de los votos, lo que significa que actualmente alrededor del 68 % de los puertorriqueños no quieren un gobernador estadista y rechazan al partido estadista.

Parte de la razón por la que los puertorriqueños se alejan de la estadidad y se acercan a la independencia es que Estados Unidos lleva demasiados años dándole vueltas al asunto, haciendo promesas que no ha cumplido y creando obstáculos para impedir un cambio en el estatus político de Puerto Rico. El sentimiento de que "Estados Unidos no nos quiere" prevalece hoy en la isla. Cuando las personas inteligentes se dan cuenta de que "no las quieren", suelen buscar un lugar donde sí las quieran. En mi opinión, hacia allí se dirige Puerto Rico hoy.

Hace unos diez años, la población de Puerto Rico se acercaba a los cuatro millones de habitantes. Pero muchos estadistas se cansaron de esperar a que las promesas incumplidas se materializaran y en su lugar se trasladaron al corredor de la I-4 en Florida, donde ahora viven alrededor de 1.3 millones de puertorriqueños. En su mayoría demócratas, votarán a cualquiera que prometa la estadidad para Puerto Rico. Como votantes, son un buen partido: su participación electoral, nivel educativo y posición económica son mucho más elevados que los del resto de la población del corredor I-4. El éxodo a

Florida y a los Estados Unidos se ha traducido en un aumento de la participación electoral de los puertorriqueños. Este éxodo continuó en 2017, después de que el huracán María devastara la isla. Según algunas estimaciones, murieron cerca de cinco mil residentes. El presidente Donald Trump visitó el país tras el paso del huracán y lanzó papel higiénico y toallas de papel a la multitud de residentes que acudieron a saludarlo. Hoy, apenas quedan tres millones de residentes. Sí, tus cálculos son correctos: casi una cuarta parte de la población de Puerto Rico se ha ido en la última década. Y muchos de los que se quedaron preferirían un estatus distinto a la estadidad. Los chinos están muy atentos a esta tendencia.

Como resultado del éxodo de un millón de puertorriqueños—en parte por la estadidad y en parte por el huracán María—, ahora hay más de doscientas mil viviendas abandonadas en Puerto Rico. ¿No tendría sentido hacer una "carrera por la tierra" en Puerto Rico, como la que se hizo en Oklahoma hace unos cien años? Cualquier ciudadano estadounidense que actualmente viva en el territorio continental de EE. UU. podría venir y reclamar una "casa en el paraíso" totalmente gratis, siempre y cuando estuviera dispuesto a renovarla. Añadiendo doscientos mil votantes estadounidenses continentales a Puerto Rico, el próximo referéndum sobre la estadidad probablemente obtendría una clara mayoría, al igual que ocurrió en Oklahoma. Es solo una propuesta, pero lo que está claro es que Puerto Rico necesita desesperadamente nuevas ideas de las personas que más influyen en su futuro: los puertorriqueños. El estatus político de Puerto Rico depende totalmente de la influencia creada por los EE. UU. y aquellos que se beneficiarían de cualquiera de las tres opciones de estatus.

Hay una antigua historia china sobre Confucio y un joven que pensaba que podía engañar al sabio y viejo filósofo. El joven sostenía un pájaro detrás de la espalda y le preguntaba a Confucio si estaba vivo o muerto. Si decía que el pájaro estaba vivo, el joven podía aplastarlo y demostrarle a Confucio que estaba equivocado. Pero el anciano era realmente sabio, y simplemente le dijo: "El pájaro está en tus manos".

Sí, América, Puerto Rico está en tus manos. La pregunta importante es: ¿qué harás con él?

DESCIFRANDO LAS FINANZAS DE PUERTO RICO

SI LA HISTORIA SIRVE DE GUÍA, ESTADOS UNIDOS VE A PUERTO RICO más como paraíso fiscal que como un estado norteamericano o país soberano. Lo sé porque muchos estadounidenses ricos me lo han dicho. También ha salido en las noticias. En febrero de 2021, cuando el *influencer* de YouTube, Logan Paul, les dijo a los veinte millones de seguidores de su pódcast que se mudaba de Los Ángeles a Puerto Rico por el estilo de vida y las exenciones fiscales de la isla, apareció un artículo de la revista Time titulado "Cómo los puertorriqueños están luchando contra los forasteros que usan la isla como paraíso fiscal". El artículo decía que los isleños estaban "hartos del influjo de ricos del continente" que tratan de proteger sus ingresos de los impuestos trasladándose a la isla caribeña.

Las leyes fiscales pueden ser complicadas en cualquier país, pero en Puerto Rico han sido un campo de minas político durante el debate sobre la soberanía. Tardé mucho tiempo en darme cuenta de que los puertorriqueños ricos quizá no apoyan estadidad tanto como dicen, aunque hagan donaciones a organizaciones a favor de la causa. Puede que su inclinación hacia la estadidad sea genuina, pero su implementación causa lo que denominaría "un conflicto situacional con el interés propio". Una y otra vez, estos acaudalados puertorriqueños "dicen lo correcto", pero no actúan en consecuencia. ¿Por qué? Por las leyes fiscales, simple y llanamente. Las personas más influyentes de la isla son los que más tienen que perder cuando cambian las leyes fiscales en virtud de la estadidad de EE. UU. Me llevó muchos años entender eso. Una vez más, una serie de acontecimientos aparentemente aleatorios de la vida me conducirían a importantes momentos de revelación que enriquecerían mi comprensión del complejo entramado político, social y económico de Puerto Rico y cómo eso afecta el debate sobre la soberanía de la isla.

A finales de los ochenta y principios de los noventa, mi vida empezaba a asentarse en una nueva rutina. Tras vender mis operaciones de seguros y valores a Aetna en 1985, por fin tenía la libertad para reestructurar mi vida profesional y personal sin los grilletes de un negocio que gestionar. Pasé los inviernos en mi casa de Colorado, dirigiendo un programa de la escuela de esquí de Vail llamado "De consejos de esquí a consejos de bolsa" (véase el folleto en el apéndice) y escribiendo una columna financiera para Scripps Howard. Incluso logré escribir otro libro titulado *$. . . Making it and Keeping it!* (*$... ¡Cómo ganarlo y conservarlo!*) y publicar un boletín titulado *Money Mastery* (*Maestría financiera*). En los veranos, solía esquiar en Sudamérica o pasar tiempo en Europa con los miembros de mi familia que aún vivían allí. La vida era maravillosa.

Fue por aquel entonces cuando una buena amiga, la brillante Inez Stewart, me presentó a un abogado llamado Manuel Rodríguez Orellana. En ese momento, él era profesor titular de Derecho Internacional en la Northeastern University de Boston. Cuando comenzaron las audiencias del Senado sobre el estatus de Puerto

Rico en 1990, presididas por el senador J. Bennett Johnston, de Luisiana, Manuel fue invitado como miembro de la dirección del PIP, el Partido Independentista de Puerto Rico. Renunció a su cátedra y voló de vuelta a Puerto Rico para dedicarse a tiempo completo a este proceso.

Un día, Manuel me dijo: "Alex, llevas casi veinte años siendo empresario en Puerto Rico. ¿Qué se siente vivir en una colonia?".

Me encogí de hombros. Nunca había pensado mucho en el tema, pero percibí la preocupación de Manuel. Me invitó a una celebración de fin de semana del famoso *Grito de Lares*, mencionado antes en este libro. Allí conocí a gente que realmente me impresionó. Intelectuales como Rubén Berríos, Fernando Martín y otros me ayudaron a comprender los problemas subyacentes que impulsaban la política de Puerto Rico y los estragos que el estatus colonial estaba causando en la economía y la identidad de la isla. Como se refleja en el famoso musical de Broadway *West Side Story*, la cultura puertorriqueña estaba siendo lentamente erosionada por intereses externos.

Después de sesenta años de contacto con la cultura de Puerto Rico—-diferente a la de otras colonias españolas por las razones antes descritas—había llegado a sentir un profundo afecto por este pueblo tan amable y diverso desde el punto de vista cultural, intelectual y racial. Admiraba lo que yo describiría como su "sutileza", desarrollada a lo largo de quinientos años de colonización. Algunos se burlan de esto y lo describen como una "mentalidad colonialista", pero para mí es una habilidad útil que han desarrollado para a sobrevivir cientos de años bajo el yugo de distintas naciones.

Decidí que era hora de que los puertorriqueños empezaran a celebrar su cultura como un estado estadounidense—como los estados culturalmente únicos de Luisiana o Nuevo México—o como nación independiente. Después de más de 120 años sin poder participar en el gobierno estadounidense, Puerto Rico merecía por fin la autodeterminación. Ya era hora.

Cuando por fin me di cuenta de dónde estaba Puerto Rico y hacia dónde podía ir, le dije a Manuel: "Estoy de acuerdo contigo. Este estatus colonial tiene que terminar. Pero si Puerto Rico queda completamente aislado de los beneficios económicos que recibe de Estados Unidos, las próximas dos generaciones podrían quedar devastadas económicamente. Y lo peor es que Puerto Rico podría no recuperarse nunca, y tal vez convertirse en otro Haití. La soberanía a través de la estadidad sería menos traumática que la independencia".

La respuesta de Manuel fue: "Cualquier tipo de soberanía es mejor que ser una colonia. Adelante". Luego añadió: "¿Te molesta que te llame nacionalista ligeramente arraigado?". Los dos nos reímos, y la etiqueta quedó. Todavía hoy me llama así.

Aunque había vendido mi compañía de seguros y viajaba durante gran parte del año, seguía dirigiendo una consultoría de finanzas personales en Puerto Rico. Mis clientes eran propietarios de pequeñas empresas y profesionales interesados en crear capital e invertirlo sabiamente para lograr la independencia financiera, como yo había hecho. También tenía un par de clientes importantes para los que trabajaba en empresas: diseñaba programas de retribución de ejecutivos y prestaciones complementarias, gestionaba algunas fusiones y adquisiciones, supervisaba mis inversiones y asesoraba a otros sobre cómo hacer lo mismo. Pero la mayoría de mis clientes procedían de empresas extranjeras controladas por Estados Unidos—CFC, como yo las llamo—que operaban en Puerto Rico al amparo de la Sección 936 del Código de Rentas Internas de Estados Unidos. Contraté a muchas de estas empresas para ayudar a sus gerentes locales en Puerto Rico y a sus ejecutivos en Estados Unidos con la planificación financiera personal, un servicio ofrecido por sus empleadores como beneficio adicional.

En virtud de la Sección 936, las empresas estadounidenses podían canalizar sus beneficios en Puerto Rico a través de su filial en Puerto Rico, y luego repatriarlos libres de impuestos a sus empresas matrices. Cuando la Sección 936 fue finalmente eliminada en un período de diez años a partir de 1996, estas empresas ya no podían repatriar los beneficios libres de impuestos, por lo que se establecieron como CFC con el fin de permanecer exentas de impuestos en lo que respecta al IRS. Sin embargo, ya no podían enviar esos beneficios a sus empresas matrices en EE. UU. sin pagar impuestos. Entonces, muchas de esas empresas utilizaron s sus miles de millones de dólares de ingresos libres de impuestos para invertir fuera de EE. UU., y algunos de esos beneficios incluso financiaron grupos de presión contrarios a la estadidad en Washington y Puerto Rico.

Pero ahora, si canalizaran todos sus beneficios mundiales a través de empresas fantasma de Puerto Rico, esos beneficios estarían libres de impuestos siempre que invirtieran fuera de EE. UU.

Una conversación en un vuelo de vuelta a casa tras impartir un seminario sobre finanzas personales a un grupo de altos ejecutivos de una importante farmacéutica de Nueva Jersey me abrió los ojos y cambió el curso de mi vida. Todas las empresas farmacéuticas asistentes tenían operaciones en Puerto Rico, y yo estaba sentado junto a uno de los directores financieros de la empresa. Tras un par de copas, nuestra conversación se volvió bastante distendida.

"Con la sección 936, hacen un gran negocio", dije, dándole un sorbo a mi bebida. "Juntan todas sus ganancias mundiales y las canalizan a través de su filial de Puerto Rico y luego la devuelven a su empresa matriz, y casi no pagan impuestos federales ni de Puerto Rico. Supongo que por eso están en Puerto Rico, ¿no?".

"Sí, tenemos una gran ventaja fiscal, pero en realidad no estamos en Puerto Rico por eso. Estamos aquí por los bajos salarios".

"¿Bajos salarios?", pregunté. "Pero Puerto Rico tiene el mismo salario mínimo que Estados Unidos. De hecho, el costo de hacer negocios en la isla debe de ser mucho más alto que en Estados Unidos continental".

Mi cliente se limitó a negar con la cabeza. "No, verá, nuestra operación en Puerto Rico no es intensiva en mano de obra; es una empresa de capital y personal cualificado. Puerto Rico tiene una escuela de ingeniería de primer orden en Mayagüez. Contratamos ingenieros químicos y de otros otras ramas allí por menos de la mitad de lo que tendríamos que pagarle a un ingeniero del territorio continental de Estados Unidos. Nos ahorramos millones. La exención fiscal es estupenda, pero seguiríamos allí aunque la eliminaran".

"Pero su mensaje tanto al Gobierno de Puerto Rico como al Congreso de EE. UU. es siempre 'si quitan la exención fiscal, nos iremos de Puerto Rico'", insistí.

"Bueno, ¿quién quiere renunciar a una exención fiscal multimillonaria si podemos tener las dos cosas? Una mentira piadosa no le hace daño a nadie".

Se me encendió una bombilla: todas estas CFC estaban en Puerto Rico promoviendo una "mentira piadosa". En realidad, no estaban allí por las exenciones fiscales de la Sección 936 del IRC, sino por el talento asequible y altamente cualificado.

Esa noche no pude dormir. Me pasé horas investigando sobre la Sección 936, el código IRC y las CFC que se aprovechaban de ella. Ese fin de semana escribí el siguiente número de *Money Mastery* y lo titulé "Puerto Rico en la encrucijada". Abordaba los mismos puntos tratados durante mi conversación con el CEO farmacéutico en el avión, junto con algunas de mis propias investigaciones sobre el tema. Pocos días después de la publicación de ese boletín, recibí una llamada del asesor jurídico jefe de uno de mis principales clientes corporativos locales. Quería reunirse conmigo y me dijo que la eliminación de la Sección 936 del IRC sería el punto central de nuestro intento de descolonización de Puerto Rico mediante la estadidad porque los mayores opositores a la estadidad eran esas compañías. Al eliminar la Sección 936, esas empresas podrían redirigir una porción de los miles de millones de dólares de ingresos a la lucha contra la estadidad. Incluso un pequeño porcentaje de sus créditos contributivos anuales podría ascender a decenas o incluso cientos de millones de dólares que podrían invertir en la política local todos los años para apoyar al PPD, cuyo interés también era impedir la estadidad, junto con los cabilderos en Washington que estarían promoviendo la continuación de estos créditos contributivos.

Ahora sí que estaba entusiasmado.

LA ÚLTIMA FORTALEZA DE AMÉRICA

En nuestra siguiente reunión, le dije al asesor legal principal de mi cliente que estaba comprometido totalmente y que haría lo que hiciera falta para ayudar a eliminar la Sección 936 del IRC; estaba preparado. Podían contar conmigo. Comencé a asistir a reuniones donde empezamos a planificar la estrategia r para eliminar la Sección 936 del IRC y comenzar el proceso de descolonización de Puerto Rico. Al poco tiempo fui convocado a Washington D. C por mi cliente para asistir a las audiencias del Congreso relacionadas con la Sección 936. Yo estaba en Denver para la temporada de esquí, y recuerdo haber cancelado abruptamente mis compromisos de clases para subirme al próximo avión a Washington.

Las CFC fueron tomadas por sorpresa por nuestras acciones en Washington. Como resultado, pronto obtuvimos una eliminación gradual de diez años de la Sección 936 del IRC. Como siempre, todas las CFC amenazaron con abandonar Puerto Rico si se aplicaba la eliminación gradual, pero ninguna lo hizo. De hecho, la mayoría ampliaron sus operaciones en la isla. La eliminación gradual de la Sección 936 fue finalmente implementada. Ese fue solo el comienzo del proceso de descolonización, pero supuso una gran victoria para nosotros (para más información sobre este tema, véase la versión actualizada de 1998 de *Puerto Rico en la encrucijada* en el apéndice de este libro). El siguiente paso natural era la eliminación de la Sección 933 del IRC, pero nadie quería hablar de eso.

La Sección 933 otorga a Puerto Rico autonomía fiscal con respecto a los EE. UU. Si usted y su empresa son residentes en la isla, entonces cualquier ingreso de origen puertorriqueño no es imponible a efectos del impuesto sobre la renta federal. Si se pudiera eliminar la Sección 933, los puertorriqueños empezarían a pagar impuestos federales sobre la renta y el patrimonio. Y como Puerto Rico sigue siendo un territorio, esos ingresos fiscales se quedarían en la isla. El resultado fiscal neto para los residentes y el gobierno de Puerto Rico sería prácticamente el mismo. Solo cambiaría una cosa: la recaudación de impuestos se regiría ahora por las normas federales, no por las puertorriqueñas. Las Islas Vírgenes estadounidenses ya contaban con este programa, así que ¿por qué no Puerto Rico? Para responder a esta pregunta, tenemos que descifrar el código fiscal de Puerto Rico.

La melancolía fiscal
La mayoría de las empresas locales, grandes y pequeñas, de Puerto Rico se consideran "estrechamente controladas", lo que significa que más del 50 % del valor de las acciones en circulación de la empresa es propiedad (directa o indirectamente) de cinco o menos personas físicas. En Puerto Rico, las empresas cerradas operan bajo una regla napoleónica de "herencia forzosa". Esto significa que a los hijos, nietos y descendientes directos de los propietarios de las empresas se les garantiza algún interés en la empresa igual en valor a su herencia. En Estados Unidos no es así.

Con la "herencia forzosa", los herederos del fallecido siguen participando financieramente en los beneficios de la empresa y tienen la oportunidad de aumentar su patrimonio neto personal si la empresa sigue teniendo éxito. Para los demás propietarios de la empresa, también hay un beneficio: no se ven obligados a vender la empresa con descuento o a liquidarla para pagar a los herederos del propietario fallecido. Todos salen ganando. La estadidad para Puerto Rico destruiría el concepto de "herencia forzosa", dejando a muchas empresas familiares adineradas en bancarrota y a los herederos sin un céntimo. Como pueden imaginar, esto es un gran elemento disuasorio para aquellos que están considerando los pros y los contras de la estadidad de Puerto Rico.

Problemas de valoración
También hay una diferencia entre cómo los EE. UU. y Puerto Rico valoran los activos empresariales cuando se trata de impuestos sobre el patrimonio. Normalmente, los impuestos de sucesión se pagan en efectivo en el plazo de un año a partir del momento en que la sucesión es legalizada. Pero, aunque la empresa pueda tener un "valor de negocio en marcha" basado en los cálculos del IRS, que puede

ser de millones de dólares, su valor real de mercado puede ser mucho menor, especialmente después de que fallezca el propietario. El problema es que, en Estados Unidos, la Hacienda valora la empresa el día *anterior* al fallecimiento del propietario. Esto significa que la empresa se valora en función de los ingresos que generaba mientras seguía siendo explotada con éxito por el propietario fallecido. El IRS llama a esto el "valor de empresa en funcionamiento", que podría ser muchas veces mayor que el "valor contable", que solo considera los activos depreciados existentes. La diferencia entre estas dos valoraciones puede ser sustancial y alterar la vida de una persona.

Sin la "herencia forzosa", este problema de valoración ha acosado a las empresas estadounidenses y a sus herederos durante años, especialmente a los pequeños agricultores. Afortunadamente, el IRS elevó la exención del impuesto de sucesiones a más de 20 millones de dólares para que las empresas más pequeñas ya no se vean atrapadas en una trampa de valoración. Permítanme demostrarlo con una pequeña exageración. Supongamos que el "valor en funcionamiento" de una empresa es de 300 millones de dólares, pero el valor contable (activos amortizados) solo vale 3 millones, con un superávit corporativo de 2 millones. Esto significa que tenemos un valor contable de 5 millones de dólares y un valor actual de 300 millones. La diferencia es enorme. El impuesto federal de sucesiones sobre el "valor en funcionamiento" sería de 120 millones de dólares (el 40 % del valor en funcionamiento), mientras que el 40 % del valor contable sería de solo 2 millones de dólares. Si una empresa producía un flujo de caja de 30 millones de dólares mientras el propietario aún vivía y esos beneficios caen en picado hasta los 10 millones cuando muere, el valor de esa empresa en una venta por 100 millones de dólares después de los costos , dejaría cuatro herederos, cada uno de los cuales podría embolsarse 25 millones, pero cada uno le debería 30 millones a la Hacienda. De un momento a otro pasan de ser multimillonarios a quedar arruinados y sin ingresos, con una deuda de 5 millones con la Hacienda.

Puede que sea un ejemplo simplista y exagerado, pero, a grandes rasgos, la mecánica es correcta. La realidad de las matemáticas hace que sea difícil para los estadistas con negocios exitosos seguir adelante sin penalizar a sus herederos si la estadidad tiene éxito.

Estas son algunas de las razones por las, que cuando la estadidad para Puerto Rico parece ser posible, alguien interviene para frenar el proceso. Esa persona suele ser un empresario local que sabe perfectamente cómo los impuestos federales sobre el patrimonio pueden destruir su fortuna familiar. La mayoría de las veces, nuestro obstáculo resulta ser un ferviente "estadista" en público, mientras que, detrás de escena, trabaja para frenar nuestro progreso.

Si bien es fácil sentirse frustrado, uno debe preguntarse: si yo fuera un puertorriqueño adinerado que dirige un negocio familiar y cuyo bienestar financiero dependiera de no pagar impuestos federales sobre sucesiones, ¿realmente estaría a favor de la estadidad en Puerto Rico antes de morir? Estaría mintiendo si respondiera que sí.

La evolución humana dicta que el interés propio tiene prioridad sobre el altruismo. Solo hacemos "cosas buenas" si nos ayudan, no si nos perjudican. En palabras de Adam Smith: "No esperamos nuestra cena por la bondad del carnicero, del cervecero o el panadero, sino por su propio interés". ¿Culpo a esos ricos puertorriqueños por querer preservar su patrimonio familiar? Por supuesto que no. Pero después de treinta años de luchar por la estadidad para Puerto Rico, haber llegado tan cerca para ver cómo los actores clave se echaban atrás, resulta frustrante escuchar a los miembros del Congreso de los EE. UU. insistir en que los puertorriqueños simplemente no saben lo que quieren. Sería mucho más acertado que el Congreso afirmara que el puertorriqueño promedio se ve obligado a elegir entre la espada y la pared, y que Estados Unidos es en parte responsable de esta situación compleja.

EL PROYECTO DE LEY YOUNG

EN 1998, TRABAJÉ CON MIEMBROS DEL CONGRESO DE LOS EE. UU. para crear un marco que le permitiera al pueblo de Puerto Rico celebrar un referéndum sobre la estadidad, utilizando definiciones realistas de estatus político, que podría dar lugar a un posible cambio del actual estatus territorial. El pueblo de Puerto Rico podría elegir entre convertirse en estado, declarar su independencia como nación soberana o seguir viviendo como colonia.

Esta última opción está más plagada de problemas de lo que podría parecer a primera vista. Uno de los problemas que nuestro grupo encontró al patrocinar referéndums locales (llamados plebiscitos) sobre el estatus de Puerto Rico fue que la independencia y la estadidad eran muy fáciles de definir. En el caso de la independencia, se tiene soberanía plena o no se la tiene. Para la estadidad, o tienes una estrella en la bandera, o no la tienes. Pero, "en el caso del término "Estado Libre Asociado", que describe el actual estatus colonial/territorial de Puerto Rico, su definición podría ser casi cualquier cosa para los votantes.

Mi decisión de entrar en la política nacional tuvo un gran costo económico. En primer lugar, perdí a la mayoría de mis clientes del CFC, que representaban el 50 % o más de mi consultoría. No querían trabajar con alguien que estaba intentando eliminar sus créditos fiscales. También perdí a muchos de mis clientes más pequeños porque ya no podía prestarles la atención que necesitaban. Mi consultoría se redujo considerablemente. La política nacional me empujó a un mundo de luchas internas, contribuciones a campañas y recaudación de fondos, y tratos con miembros del Congreso; en general, el desagradable y ajetreado mundo de la política profesional.

Pero todo ese sacrificio merecería la pena si conseguíamos aprobar la ley. Tenía el potencial de cambiar Puerto Rico para siempre. El proyecto de ley sobre el referéndum—llamado proyecto Young por el congresista Don Young, de Alaska, quien lo patrocinó—incluía en su informe la verdadera definición del actual estatus político de la isla. El departamento legal de la Cámara de Representantes declaró en su informe sobre el proyecto de ley Young que Puerto Rico era un territorio no incorporado, una posesión, sin más derechos que los que le otorgaba el Congreso.

Como prueba de esta afirmación, el Congreso impuso posteriormente una junta directiva en Puerto Rico que informaría de forma directa al Congreso sobre cuestiones clave relativas al "autogobierno" de la isla, para que el Congreso decidiera cómo abordar adecuadamente esas decisiones. Si no estaba de acuerdo, el Congreso se arrogaba el derecho de imponer su punto de vista a esta "colonia" americana de la manera en que quisiera.

Esta junta directiva se puso en marcha con la recomendación de Pedro Pierluisi, miembro del PNP y gobernador electo, que había obtenido sólo el 32 % de los votos. Con esa acción, en mi opinión de lego, el Sr. Pierluisi eliminó efectivamente la cláusula de la ley de 1954, según la cual Puerto Rico tenía derecho a un "autogobierno limitado". Ahora, el Congreso de los EE. UU. tenía plenos poderes para tomar todas las decisiones locales relacionadas con el gobierno de Puerto Rico.

Pero el resultado más importante del proyecto de la Ley Young fue que los seguidores del gobernador Muñoz Marín y del partido PPD se dieron cuenta de que habían sido engañados. Rápidamente iniciaron un movimiento para establecer el status que el gobernador Muñoz Marín había pretendido implementar originalmente, un contrato de libre asociación con los EE. UU. que incluía soberanía plena, el de los samoanos y otras islas del Pacífico.

Antes de la Ley Young, la cuestión de la independencia de Puerto Rico contaba con el apoyo de menos del 5 % de la población, porque la mitad de la isla creía que ya tenía estatus de estado libre asociado. Hoy, mi opinión es que al menos un tercio de los puertorriqueños está a favor de la independencia mediante un "contrato de libre asociación". Así pues, ¿a quién deben agradecer los independentistas por este gran avance? A los que promovimos el proyecto de ley Young. Creíamos que los puertorriqueños realmente querían la estadidad y que la Ley Young allanaría el camino hacia ella. Pero deberíamos haber recordado el refrán: "ten cuidado con las consecuencias imprevistas". Suelen permitir que la verdad salga a luz.

Sin embargo, para conocer realmente esa verdad, hay que entender lo que intentábamos conseguir con el proyecto de ley Young y las circunstancias que llevaron a su redacción. Antes de que el proyecto pudiera ser presentado en el Congreso de EE. UU., los que estábamos entre bastidores trabajamos para asegurar una serie de activos necesarios:

- Un equipo local que desarrollara la estrategia y participara en la recaudación de fondos para los miembros del Congreso, así como en las reuniones en el Capitolio. Personas que pudieran decir: "Soy de Puerto Rico y quiero hablar con usted sobre un proyecto de ley para ayudar a Puerto Rico con la autodeterminación política".
- Un vehículo con el que canalizar las contribuciones para la "causa" y asignar y supervisar los gastos de promoción de dicha legislación. Este vehículo sería una organización

501(c)(4), categorizada como una "fundación educativa". Las donaciones no eran deducibles de impuestos, pero las ganancias sí estaban exentas.

- Consultores expertos que asesorarían al "equipo local" sobre la mejor manera de dirigirse al Congreso o a la administración en cuestiones relacionadas con la legislación propuesta.
- Grupos de presión en Washington, D. C que organizarían las reuniones de los miembros del "equipo local" con los miembros del Congreso para promover nuestra agenda.
- Defensores que fueran a su vez miembros del Congreso, pero que estuvieran firmemente comprometidos con nuestra causa y promovieran nuestro mensaje entre sus colegas del Congreso.
- Fuentes comprometidas de contribuciones, que serían de dos tipos. Por un lado, fondos para sufragar los gastos de presión y pagar a los asesores y otros gastos relacionados. Por otro lado, fuentes de donaciones de campaña a los miembros del Congreso que fueran defensores y copatrocinadores de diversos proyectos de ley y resoluciones que pudieran contribuir al proyecto de ley.
- Miembros de la legislatura local de Puerto Rico y de la administración que apoyarían nuestra causa en Washington, D. C.
- Expertos en encuestas que nos orientaran sobre nuestro mensaje y supervisaran los resultados de nuestra promoción para ver evaluar el progreso.
- Organizadores de actos, que eran personas expertas en relaciones públicas y se encargaban de planificar eventos para promocionar la estadidad entre quienes estuvieran dispuestos a ayudarnos.

Si se suman los costos de todos los servicios mencionados, así como los elevados costos de hacer negocios en Washington, D. C, es fácil ver que un proyecto de esta magnitud requería bolsillos muy profundos. Como parte del grupo, estuve lo suficientemente cerca de la salida total de efectivo como para hacerme una idea aproximada del gasto. Mi mejor rondaba los millones de dólares por año.

Nuestro grupo estaba formado por una docena de personas de distintas procedencias, pero la mayoría eran abogados. Como residente en Puerto Rico desde hacía mucho tiempo, me convertí en miembro del equipo "local". Nunca olvidaré el día en que invitamos a un destacado miembro de un grupo de presión de D. C para que nos orientara. Era abogado y profesor de asuntos públicos de la GWU. Todos nosotros éramos completamente nuevos en el mundo de Washington, pero estábamos ansiosos por aprender. Así que le preguntamos: "¿cómo podemos hablar con los miembros del Congreso para contarles nuestra historia y así conseguir que el Congreso apruebe un proyecto de ley que nos ayude a conseguir la estadidad?".

La sencillez de su respuesta me sorprendió. "Primero, encuentras a algunos miembros del Congreso que quieran apoyar tu causa. Luego les das algo de dinero para que se interesen. Después, sigues dándoles dinero hasta que se apruebe tu proyecto de ley".

El Capitolio se alimenta de dinero. Engulle dólares como un cerdo hambriento. Si quieres algo de Washington, más vale que estés dispuesto a abrir la cartera. Allí no hay "almuerzos gratis" ni amigos. Todo es o "paga al contado o vete a otra parte". Como dijo una vez el presidente Truman: "Si quieres un amigo en Washington, búscate un perro". Aprendí esta lección muy rápido.

Cuando le pedimos más detalles sobre cómo encontrar a esos congresistas interesados, el lobista explicó todo el proceso en términos muy directos: "Identificas a alguien con quien te gustaría hablar porque puede tener alguna conexión o afinidad con tu causa. Le ofreces una 'contribución de campaña' para facilitar la reunión. Le dices lo que necesitas de él y le preguntas si estaría dispuesto a apoyar tu causa. El diputado hablará con su director de campaña y le explicará lo que quieres, y el director de campaña evaluará si la participación del diputado lo ayudará o lo perjudicará en las próximas elecciones.

Si lo perjudica, el miembro de su equipo lo llamará y le dirá que su jefe prefiere que no se involucre. Si el asunto ayudará a las elecciones (o al menos será neutral), el director financiero del diputado se pondrá en contacto con usted y le dirá cuáles podrían ser las expectativas financieras de esta implicación en términos generales".

Lo que hay que recordar es que, en la mayoría de los casos, los afiliados juegan bastante limpio. No pueden garantizar que vayan a hacer lo que les pidas después de que tú hagas tus recaudaciones y contribuciones por ellos. Eso se llama "quid pro quo", y es ilegal. Pero en la mayoría de los casos, si el diputado se interesa por tu causa, te ayudará a promoverla, sobre todo si puede contribuir a su reelección.

Tardamos varios años en desarrollar la operación hasta conseguir el apoyo de las personas clave, tanto en el gobierno local como en el Congreso de EE. UU., e identificamos quienes serían nuestros aliados. Una de mis funciones en este proceso fue la de entablar vínculos con miembros "interesados" del Congreso que pudieran convertirse en copatrocinadores para la presentación del proyecto de ley ante la Cámara de Representantes y el Senado.

En aquella época, tenía una casa en Vail (Colorado) que utilizaba para invitar a los congresistas a cócteles o cenas cuando había eventos en zonas turísticas de montaña. Había muchas actividades. En invierno, se esquiaba, se paseaba con raquetas de nieve o motos de nieve. En verano había ciclismo de montaña, golf, senderismo o rafting. El programa solía durar tres o cuatro noches, una de las cuales era libre, sin actos programados.

Para los congresistas eran unas vacaciones. Venían con sus esposas, hijos, padres y amigos. Como el reembolso de los gastos de los congresistas no incluía el pago a los instructores de esquí privados (que eran muy alto), los congresistas solían ir por su cuenta o en grupos organizados. Rápidamente hice correr la voz de que yo era un instructor de esquí certificado en Vail y anuncié que esquiaría con cualquiera que quisiera hacerlo. Tuve más interesados de los que podía atender, lo que me dio la oportunidad de presentarles mi proyecto para Puerto Rico en un ambiente relajado, privado e informal. La mayoría de los trayectos en telesilla duran unos siete minutos. Era el mejor lugar para un público cautivo, porque nadie puede bajarse de un telesilla en mitad del trayecto. También podía evitar las colas de los remontes porque los ascensoristas me conocían. Llevaba a mis invitados a través de la fila de instructores.

El otro evento que conseguí aprovechar fue la "noche libre". Como los eventos nocturnos del programa sólo permitían la participación de los cónyuges, dejando al séquito de padres, hijos y amigos a su suerte, establecí la norma de que todos los socios que quisieran venir a mi casa la noche libre para cenar y tomar algo eran bienvenidos, y sus padres, hijos y amigos también.

Después de esos eventos en Vail, se me abrieron muchas puertas en el Capitolio. Fue una experiencia fructífera para nuestra causa durante los años previos y posteriores al proyecto de ley Young. Recuerden que el proyecto se aprobó en la Cámara por un voto, y no me sorprendería que ese voto decisivo lo hubiera emitido alguien que bebió champán junto a una chimenea de piedra en una de esas veladas "gratuitas" en mi casa de Vail.

Como he dicho antes, lo que he aprendido en los últimos treinta y cinco años como escritor y consultor en los ámbitos de las finanzas, la economía y la política es que la mayoría de los lectores no quieren datos ni cifras; eso solo los duerme. Solo quieren una buena historia personal, y eso es lo que estoy tratando de contar. Así que, en lugar de insistir en los méritos del proyecto de ley Young, vayamos directamente a cómo se desarrolló la votación.

Recuerdo claramente el día en que se iba a presentar el proyecto. Era 1996, en pleno año electoral. Un pequeño grupo de personas esperábamos fuera de la Cámara de Representantes. El congresista Don Young de Alaska—quien daba nombre al proyecto—estaba con nosotros, al igual que el congresista Dan Burton, uno de nuestros principales aliados legislativos. Yo caminaba de un lado a otro, intentando controlar los nervios. Había mucho en juego en este proyecto de ley, pero confiábamos en que se aprobaría en la Cámara. Teníamos los votos y el momento era perfecto. Después de las elecciones, el senador Larry Craig volvería a presentar el proyecto al Senado. La Cámara podría entonces pasar por el proceso de reconciliación en 1997 y 1998 y tener la legislación lista para la firma del presidente Bill Clinton antes del siguiente ciclo electoral. Mientras caminaba de un lado a otro pensé que finalmente estaríamos en camino hacia la autodeterminación de Puerto Rico.

Estábamos a solo unos instantes de ver la presentación del proyecto de en la Cámara de Representantes. La emoción era palpable. Entonces, sonó el teléfono de uno de mis colegas. Todos nos dimos vuelta y vimos cómo se ponía blanco. Se acercó a los congresistas Young y Burton y les susurró algo. Ellos también se pusieron blancos como la leche. Se habían jugado la carrera por este proyecto de ley, enfrentándose a la reprobación de sus colegas republicanos. ¿Qué demonios estaba pasando? La persona que llamó, cuyo nombre no se compartió con nosotros, había dicho "maten el proyecto de ley". Mientras salíamos de la sala totalmente conmocionados, ambos congresistas me pusieron una mano en el hombro. "¡No te preocupes Alex, el año que viene vamos a hacer que se traguen el proyecto!".

Por desgracia, se equivocaron.

POSESIONES

EN EL APÉNDICE DE ESTE LIBRO ENCONTRARÁS UNA VERSIÓN actualizada de mi folleto, *Puerto Rico en la encrucijada*. Publicado originalmente en 1998, contiene una versión abreviada de lo que ocurrió con el proyecto de ley Young. Si desea más detalles sobre nuestra iniciativa de estadidad, consulte mi libro *Pay to the Order of Puerto* Rico, que describe el proceso que condujo a la redacción del proyecto de ley Young, las discusiones que tuvieron lugar tanto en el Congreso de los EE. UU. como en la prensa mientras se estaba considerando, y lo que sucedió tras su fracaso. O simplemente haga su propia investigación. Entonces, podrá sacar sus propias conclusiones.

Pero a los efectos de esta narración, he aquí un breve resumen de por qué nuestro intento de estadidad fracasó: en 1996, el momento era perfecto para que el proyecto Young se convirtiera en ley, pero la votación se canceló en el último minuto. En otoño de 1997, no teníamos tiempo suficiente para aprobar el proyecto en el Senado antes de las elecciones de 1998. De todos modos, lo sometimos a votación en la Cámara y, para sorpresa de los dirigentes republicanos, fue aprobado por un solo voto. Desgraciadamente, una vez pasada la temporada electoral de 1998, el proyecto quedó trunco en el Senado.

Cuando nos topamos con un muro en el Senado, supimos que aprobar la Ley Young en la Cámara era lo único lo que conseguiríamos. Si calculamos aproximadamente cinco años de preparación para presentar el proyecto de ley Young en la Cámara, más un par de años de proceso en la Cámara y el Senado, y alrededor de un año pensando cómo resucitar nuestro fracaso, mi estimación aproximada es que, durante esos siete u ocho años gastamos muchos millones, sin mencionar todo el tiempo y el esfuerzo que le dedicamos como equipo.

Esto me recuerda a un cómico que una vez hizo un chiste sobre mandar a su hijo a un campamento de verano, que le costó 1000 dólares. El niño volvió a casa con un cenicero que había hecho en la clase de "manualidades", así que el cómico lo colocó en la estantería y le puso una etiqueta que decía "cenicero de 1000 dólares" para que todos lo vieran. Así me siento cuando pienso en nuestro "cenicero" multimillonario que hicimos en el "campamento de verano" en Washington, D. C.

Debido a lo repentino del retraso de la votación en 1996, todos sospechábamos que el proyecto de ley había sido saboteado. Parecía tratarse de alguien con mucho poder que no quería que Puerto Rico se convirtiera en un Estado. Yo suponía que podría ser alguien que, en público, había apoyado el proyecto—tal vez incluso lo financió—pero nunca esperó que se aprobara. Entonces, esa persona frenó el proyecto cuando quedó claro que tenía posibilidades de ser aprobado, de modo que pudo montar una oposición clandestina para asegurarse de que tampoco se aprobara al año siguiente. En Washington, nunca se sabe a ciencia cierta quiénes son tus aliados y quiénes tus saboteadores. Pueden provenir de los lugares más insospechados.

Después nuestro fracaso, empecé a preguntarme quién podría ser ese saboteador. Tendría que ser alguien con conexiones con el jefe de la bancada republicana en la Cámara, ya que era evidente que estaba esperando que el proyecto de ley se acercara y perdiera, en lugar de ser aprobado por un voto. Finalmente, descubrí quién fue. El 24 de septiembre de 1997, salió un anuncio de página entera en el *Washington Times* de una organización llamada "Puerto Rico First" ("Primero Puerto Rico"). Trataba sobre los "peligros" del proyecto de ley Young (ver el folleto en mi apéndice para más detalles). Su título, en referencia a la designación oficial del proyecto de ley Young, era "H.R. 856, the Budget Buster" (H.R. 856, el rompepresupuestos"). Al poco tiempo se publicaron muchos otros anuncios de esta misma organización. Eran profundamente ofensivos hacia los puertorriqueños y utilizaban términos que me avergonzaría describir o mostrar en este libro. Consternado por la campaña, decidí averiguar quién financiaba "Primero Puerto Rico". Mi investigación demostró que la sede de la organización estaba situada en una zona muy pobre del área metropolitana de San Juan llamada Barrio Obrero, y que su director ejecutivo era un tal Sr. Deposada, un camionero desempleado. El abogado que creó la organización y la presentó ante el Departamento de Estado era amigo mío, así que lo invité a almorzar.

Durante el almuerzo le pregunté: "¿Cómo puedes representar a una organización que publica anuncios como ese, menospreciando a los puertorriqueños en general y al Proyecto Young en particular? Sé que eres un ferviente partidario de la estadidad de Puerto Rico".

"Sí, Alex, soy partidario de la estadidad, pero un cliente muy importante me pidió que hiciera esto. Es una de las personas más ricas de Puerto Rico. Así que, a menos que estuviera dispuesto a perder un cliente, hice lo que me dijo".

"Sabes", sonreí, "probablemente yo habría hecho lo mismo".

Esa reunión me convenció de que muchos puertorriqueños ricos hablan de estadidad pero se oponen a ella entre bastidores. Por eso apoyaron públicamente el proyecto de ley Young, pero en privado garantizaron su fracaso. Para ser justos, el proyecto no era perfecto. Hubo muchas razones legítimas para que no se aprobara en el Congreso de EE. UU., aparte de los nefastos tratos entre bastidores. Las excusas oficiales para la oposición podrían ser cualquiera de las siguientes:

- Como la mayoría de los que votaron a favor del proyecto eran demócratas, los republicanos consideraron al proyecto de ley Young como una amenaza al dominio del Partido Republicano en el Congreso. La percepción popular era que la mayoría de los puertorriqueños eran demócratas (lo cual es cierto), y si Puerto Rico se convertía en estado, habría cinco miembros demócratas más en la Cámara de Representantes y dos miembros demócratas más en el Senado que formarían parte del Congreso de EE. UU.
- La estadidad de Puerto Rico eliminaría los créditos fiscales de las CFC, por lo que sus esfuerzos de cabildeo, con recursos prácticamente ilimitados, superaron a los que estaban a favor de la estadidad.
- El partido PPD, que estaba (y sigue estando) en contra de la estadidad porque cuenta con el apoyo financiero de las CFC, tenía miembros puertorriqueños en el Congreso que apoyaban su postura.
- Dado que el partido PPD (a favor del estatus de Estado Libre Asociado") junto con el partido PIP (a favor de la independencia) representaban alrededor del 50 % de los votos en Puerto Rico, el Congreso consideró que no había suficientes puertorriqueños a favor de la estadidad para justificar esa transición.

En mi opinión, todo lo anterior es absolutamente cierto. Pero la verdadera razón por la que el esfuerzo fracasó, en mi opinión, fue la posición de la clase adinerada de Puerto Rico. La mayoría se autodenominaban republicanos y apoyaban financieramente nuestros intentos de estadidad. Sin embargo, cada vez que nos acercábamos, de repente echaban por tierra el proceso. ¿Por qué? Los impuestos federales.

Como he mencionado antes en el libro, algunas familias puertorriqueñas ricas podían perder más del 50 % de su patrimonio familiar ante la muerte del accionista principal debido a los impuestos federales sobre el patrimonio. En algunos casos, las pérdidas podrían ascender a cientos de millones de dólares. Y, puesto que esos impuestos se pagan en efectivo en el plazo de un año desde la legalización de la herencia, las empresas familiares que se mantienen desde hace tiempo podrían tener que venderse con descuento para hacer frente a esta obligación fiscal, lo que podría acabar con el otro 50 % del patrimonio.

Pero el ejemplo más flagrante de esta posición se produjo cuando elaboramos un argumento (con un gasto considerable) para el IRS contra la recién aprobada Ley 22 de Puerto Rico, que les permitía a los residentes continentales de EE. UU. con domicilio en Puerto Rico evitar el pago de impuestos federales sobre las ganancias de capital en EE. UU. Las personas que se beneficiaban de esta ley se opusieron a la estadidad.

Justo antes de que lanzáramos una campaña en los medios de comunicación estadounidenses para desacreditar esta ley, uno de los principales contribuyentes a la causa de la estadidad nos dijo de repente que la elimináramos. Cuando le pregunté por qué, me dio la excusa de que las circunstancias no eran las adecuadas y me dijo que "archivara" el trabajo que habíamos hecho sobre este tema, para retomarlo más adelante. Como resultado, miles de directores de fondos de cobertura cuyos ingresos procedían de los impuestos federales sobre las plusvalías se convirtieron de repente en residentes a tiempo parcial de Puerto Rico, para evitar pagar miles de millones de dólares en impuestos. Esos mismos residentes estadounidenses de la "Ley 22", como se les llama, hoy son los más feroces opositores a la estadidad; algunos están dispuestos a gastar millones de dólares para asegurarse de que no se produzca.

Como dijo una vez el exgobernador de Puerto Rico, la estadidad es para los pobres, y lo único que tienen los pobres es su voto. Pero lo que realmente mueve las elecciones, como he aprendido en los últimos treinta años, es el dinero. Si tienes suficiente dinero, puedes acabar con cualquier iniciativa política que no te guste o comprar suficientes votos para convertir en ley la legislación que quieras. Es triste, pero así es como funciona la política en Washington.

Muchos de los ricos de Puerto Rico contribuyeron al movimiento por la estadidad para promover su agenda personal con el partido PNP (que favorece la estadidad), mientras trabajaban entre bastidores contra la estadidad para evitar pagar impuestos federales sobre la renta y el patrimonio. A la hora de la verdad, estos agentes del poder siempre mantuvieron la estadidad fuera del alcance del resto de nosotros. La siguiente historia me llegó a través de un par de fuentes, pero no puedo verificarla porque todo se manejó con mucho secretismo. En 1998, justo después de que se cayera el proyecto de ley Young en el Senado, uno de nuestros antiguos gobernadores fue invitado a hablar ante los líderes de ambos partidos del Congreso. Como el intento había fracasado, y supongo que algunos miembros del Congreso sentían lástima por nosotros, le ofrecieron una especie de "premio de consolación".

La propuesta era sencilla. El Congreso ofreció considerar una legislación que reclasificaría a Puerto Rico como "territorio incorporado". Puerto Rico ya no sería una "posesión", a la espera de los caprichos del Congreso estadounidense. Técnicamente seguiría siendo una colonia, pero la incorporación pondría a Puerto Rico en el camino hacia la autodeterminación y la estadidad.

Después de revisar la propuesta con los actores clave de nuestro grupo, el exgobernador volvió al Congreso de EE. UU. y les dijo que no. ¿Por qué se negó? Los territorios incorporados están sujetos a impuestos federales sobre la renta y el patrimonio. La Sección 933 del IRS dejaría de aplicarse en Puerto Rico.

Muchos miembros del Congreso eran muy conscientes de la actitud de "estoy a favor, hasta que esté en contra". Por eso siguen insistiendo en que los puertorriqueños no pueden decidir sobre lo que quieren. Si bien estaban encantados de aceptar nuestro dinero para promover la estadidad, muchos me preguntaban en voz baja con una sonrisa: "¿es de verdad esta vez? ¿O va a ser otro concurso de belleza?". Es decir: "¿realmente quieres la estadidad, o lo estás promoviendo solo para ayudar a elegir a tu candidato a gobernador?".

Además de la indecisión constante de nuestro grupo, otra cosa que no me gustaba era cómo se promovía nuestro mensaje. A menudo, adoptábamos un enfoque de "víctimas" cuando presentábamos nuestro caso ante el Congreso de Estados Unidos. El mensaje se ceñía en gran medida a estos argumentos:

- Los puertorriqueños actualmente son ciudadanos estadounidenses de segunda clase y merecen la plena ciudadanía constitucional que tienen los demás ciudadanos estadounidenses.
- Puerto Rico está rezagado económicamente den comparación a los cincuenta estados, con una renta per cápita inferior a la mitad de la de Mississippi.
- Aunque todos los días se toman decisiones sobre Puerto Rico en el Congreso de Estados Unidos, la isla no tiene representación con derecho a voto en ninguna de las dos cámaras.
- Los puertorriqueños son reclutados por las fuerzas armadas de EE. UU y mueren por Estados Unidos en guerras extranjeras, pero no pueden votar por su comandante en jefe.

Todos estos son argumentos sólidos a favor de la estadidad, pero el problema es que no se refieren a las cuestiones que realmente les importan a los miembros del Congreso. Como he mencionado en capítulos anteriores, si quieres venderle algo a alguien, tienes que encontrar la razón por la que tu idea beneficia al comprador, no solo para el vendedor. Tienes que decirle al Congreso por qué la estadidad puertorriqueña es buena para Estados Unidos, no solo para Puerto Rico. Adoptar este enfoque de víctima es como si un vendedor de seguros le dijera a su cliente: "por favor, compre esta póliza porque mi alquiler vence este mes y necesito la comisión".

Durante años, he intentado mejorar nuestro mensaje oficial incluyendo razones por las que es importante para Estados Unidos que Puerto Rico sea un estado, pero parece que nadie quiere escucharlas. Recientemente, elaboré un "plan de negocios" muy breve sobre cómo deberíamos mejorar nuestro mensaje y cambiar la forma en que estructuramos nuestra iniciativa (vea el plan de negocios políticos en el apéndice).

Pero puede que sea demasiado tarde. Llevamos unos treinta años intentando conseguir la estadidad y, en mi opinión, ahora estamos mucho más cerca que nunca de la soberanía política a través de la independencia. Y las únicas personas a las que tenemos que agradecer por esta condición somos nosotros mismos. He aquí por qué: hace unos diez años, Puerto Rico tenía cerca de cuatro millones de residentes. Hoy tenemos suerte si contamos con tres millones. La mayoría de los que abandonaron la isla se fueron a los EE. UU. continentales porque estaban cansados de ser ciudadanos de segunda clase y se trasladaron a donde podían ser ciudadanos estadounidenses plenos y disfrutar de todos los beneficios federales, a los que los residentes de Puerto Rico todavía no pueden acceder.

Del mismo modo, el proyecto de ley Young demostró sin lugar a dudas que no existía un "Estado Libre Asociado", como el gobernador Muñoz Marín lo había llamado hace tantos años. Seguíamos siendo una colonia, pero de la peor clase. Éramos una "posesión", como nos llamó el Tribunal Supremo de Estados Unidos, y como tal no teníamos derecho a la autodeterminación. Estábamos sujetos a los poderes plenarios del Congreso, y el Congreso podía hacer con Puerto Rico lo que considerara oportuno.

Como resultado, aquellos *commonwealthers* que creían vivir en una especie de "estado libre asociado" tuvieron que reagruparse e impulsar "un contrato de libre asociación" con EE. UU., el mismo que otros territorios estadounidenses del Pacífico tienen en la actualidad.

Pero, a medida que se desvanecían las perspectivas de un acuerdo de este tipo, una mayoría desilusionada del partido del PPD empezó a mostrarse repentinamente a favor de la independencia. Esto se refleja en el hecho de que, en las primarias de 2020 para la gobernación, el PPD nominó a un independentista acérrimo como candidato, y el alcalde de San Juan, que tiene las mismas inclinaciones, ocupaba el segundo lugar. Entre los dos, obtuvieron el 77 por ciento de los votos del PPD.

La votación de 2020 no es una aberración: es una tendencia. En los últimos treinta años, las elecciones han oscilado entre el PPD y el PNP, y cada uno de ellos ha obtenido cerca del 50 % de los votos. El PIP, el partido independentista, solía recibir alrededor del 5 % de los votos. En 2016, sin embargo, el candidato a gobernador por la estadidad, Ricky Rosselló, obtuvo solo el 41 %. Eso significa que cerca del 60 por ciento de los votantes puertorriqueños prefirieron un estatus político diferente a la estadidad.

Y, por último, según lo que oigo y percibo en la calle, el deseo general de los puertorriqueños que aún viven en la isla se ha estado desplazando hacia la independencia, especialmente desde que el presidente de los Estados Unidos vino a Puerto Rico después del huracán María y les arrojó papel higiénico y toallas de papel a los residentes.

Pero incluso si la estadidad ahora no es una opción, EE. UU. debería tener cuidado con lo que podría ocurrir si la relación entre la isla y el continente no mejora en un futuro próximo. Con tantos puertorriqueños que quieren tener más injerencia en sus propios asuntos, la puerta está abierta para que otra superpotencia económica intervenga y le dé al pueblo lo que quiere.

Una de esas naciones—China—ha estado invirtiendo fuertemente en el Caribe durante la última década, y está empezando hacia poner el ojo en Puerto Rico. Si Estados Unidos no actúa a tiempo, podría perder su preciada "posesión" de forma irremediable ante China.

AUTODETERMINACIÓN

AL TERMINAR ESTE LIBRO A FINALES DE 2021, PARECE CLARO QUE EL pueblo de Puerto Rico, que una vez esperó la estadidad, ha llegado a la conclusión de que "ellos" (los estadounidenses) no nos quieren a "nosotros" (los residentes puertorriqueños)... y eso está bien.

Creo que el pueblo de Puerto Rico ya está harto de las falsas promesas de los que promueven la estadidad de la isla, entre los que me incluyo. Están hartos de todas las mentiras, así que han decidido tomar el toro por los cuernos. Rechazan los intereses creados—las CFC y otros evasores fiscales—que han mantenido a Puerto Rico como una colonia durante más de un siglo. ¡Viva el pueblo de Puerto Rico! Tal vez estemos a punto de presenciar otro Grito de Lares tras 150 años de espera.

Curiosamente, el alejamiento de Puerto Rico de la estadidad se está produciendo justo cuando Washington parece estar de nuevo interesado en la idea. En las elecciones presidenciales estadounidenses de 2020, muchos demócratas abogaron por un plan para incorporar a Puerto Rico y Washington, D. C como estados. Si ganaban la Casa Blanca y el Congreso, prometieron que lo convertirían en una prioridad. Por supuesto, sus motivos distaban mucho de ser benévolos. Añadir Puerto Rico y Washington D. C como estados les permitiría imponer cuatro senadores demócratas a la minoría republicana. Ese tipo de movimiento partidista suena como algo que Mitch McConnell haría, pero la política estadounidense se ha convertido en una especie de deporte sangriento. Dicho esto, en su primer año en el cargo, el presidente Biden restableció un grupo de trabajo sobre Puerto Rico para abordar algunos de los problemas de la isla.

¿Pero acaso los demócratas han tenido en cuenta los la opinión del pueblo puertorriqueño en sus estrategias políticas? Para convertir a Puerto Rico en un estado, los demócratas necesitarán un gobernador puertorriqueño y un comisionado residente quiera favor de la estadidad, y, sobre todo, que la mayor parte del pueblo vote a favor de esta causa Desgraciadamente para los demócratas, las tendencias van claramente en la dirección contraria. En las últimas tres elecciones a lo largo de los últimos doce años, los tres gobernadores de Puerto Rico del partido PNP, el partido de la estadidad, recibieron los siguientes porcentajes del total de votos:

- Luis Fortuño (2008): 53 %
- Ricardo Rosselló (2016): 41 %
- Pedro Pierluisi (2020): 33 %

El mensaje es claro: en 2008, el 53 % del pueblo de Puerto Rico quería un gobernador estadista. Doce años después, en 2020, ese porcentaje se había reducido al 33 %. Los defensores de la estadidad de Puerto Rico creen que moviéndola tendencia va en la dirección equivocada. El referéndum de 2020mostró una división casi exacta: el 50.5 por ciento votó a favor de la estadidad y el 49.5 por ciento votó en contra. Algunos intentan suavizarlo diciendo que fue un 52 % a favor frente a un 48 % en contra, pero no están teniendo en cuenta los votos en blanco. En cualquier caso, la mitad de la población de

Puerto Rico no quiere la estadidad y solo el 32 % votó por un gobernador estadista. Las cifras son claras y no auguran nada bueno para los partidarios de la estadidad.

Al mismo tiempo, tanto la Cámara de Representantes como el Senado de Puerto Rico han incorporado una mayoría significativa de miembros que promovieron abiertamente un estatus político diferente a la estadidad en 2020. La mayoría de los alcaldes elegidos en 2020 tampoco estaban a favor de la estadidad. En mis cincuenta años como empresario y residente de Puerto Rico, nunca he visto un rechazo tan dramático tanto a la estadidad como a los principales partidos políticos en el poder. El pueblo de Puerto Rico se ha manifestado. En una verdadera democracia, estaríamos en camino hacia la independencia, preferiblemente a través de un acuerdo de "libre asociación" con los Estados Unidos. Desgraciadamente, la situación política en Puerto Rico es mucho más complicada. Usted ha tenido una visión privilegiada de esta complejidad a través de las historias que he compartido en este libro. A menudo es difícil conocer las verdaderas lealtades de los votantes puertorriqueños. En otro ejemplo de esto, el exgobernador de Puerto Rico, que supuestamente estaba a favor de la estadidad, apoyó al actual presidente de los Estados Unidos, Donald Trump, que estaba decididamente en contra de la estadidad para Puerto Rico.

En consecuencia, cuando escucho a mis amigos del Congreso de los Estados Unidos decir que el pueblo de Puerto Rico no puede decidir sobre lo que quiere, no tengo más remedio que prestarles atención. En capítulos anteriores, he calificado esas declaraciones como injustas porque al pueblo de Puerto Rico no se le ha dado la oportunidad ni el derecho a la autodeterminación. No se puede culpar al Congreso de los EE. UU. por percibir nuestros esfuerzos de estadidad como una farsa. Es verdad. Pero, ¿las cosas están cambiando por fin en Puerto Rico? Debido a las presiones económicas mundiales de los últimos años, creo que sí. La forma en que estas presiones influyan en la suerte económica de los puertorriqueños en los próximos años determinará lo que ocurra con el estatus político de la isla. Desde que comencé mis operaciones de seguros y valores en Puerto Rico en 1970, he oído la siguiente afirmación relacionada con la economía en la isla: cuando EE. UU. continental estornuda, a Puerto Rico le agarra pulmonía. En otras palabras, cuando la economía estadounidense se contrae, la economía de Puerto Rico cae en picado. He visto cómo esto ocurre una y otra vez.

Una de las cuestiones que afectan a la gravedad de estos ciclos económicos es que Puerto Rico tiene una población elástica. En otras palabras, esto significa que cuando un puertorriqueño pierde su trabajo, ya que es ciudadano estadounidense, puede trasladarse a Orlando, Nueva York o Chicago y buscar trabajo allí. Y si se va de la isla al continente, es probable que encuentren un trabajo mucho mejor pago. La tasa de desempleo en Puerto Rico ilustra esta tendencia: ha oscilado entre el 15 % y el 20 % durante décadas. No cae en picado con los auges ni se dispara con las crisis. Cuando las cosas van mal, los desempleados puertorriqueños huyen de la isla. Cuando las cosas van bien, no vuelven a casa. En los últimos diez años, la población de Puerto Rico se ha reducido aproximadamente un 25 %, y el éxodo ha continuado después de las catástrofes recientes. Pero esto es solo una parte de los problemas de Puerto Rico. Un estudio de la American University de noviembre de 2020 titulado "El impacto de la pandemia de COVID-19 en Puerto Rico", afirmaba que "el coronavirus está magnificando la crisis económica y social q múltiples capas que atraviesa el territorio".

> La isla ha estado luchando durante años para reestructurar la deuda pública de 120 mil millones de dólares, las obligaciones de pensiones y las pérdidas, ya que también continúa recuperándose de la destrucción que causaron los huracanes Irma y María en 2017 y una serie de terremotos en enero de 2020. La pandemia también se produce tras una crisis política que desembocó en la dimisión del gobernador Ricardo Rosselló en agosto de 2019.

Puerto Rico se ha visto muy afectado por el desempleo generalizado derivado de la respuesta a la pandemia. Incluso antes de la pandemia, 94 000 puertorriqueños (36.2 por ciento de los residentes) estaban desempleados, y entre el 16 y el 30 de marzo, aproximadamente 76 928 puertorriqueños adicionales solicitaron beneficios de desempleo. La pérdida de empleo también está asociada a la mala salud. Por lo tanto, la falta de empleo durante el COVID-19 exacerba las disparidades existentes. Ante estos retos, la gobernadora Wanda Vázquez tomó medidas rápidas destinadas a contener la pandemia de coronavirus.

Hay que tener en cuenta que la tasa de desempleo ha alcanzado ya el 36.2 %, incluso cuando algunos estiman que otros trescientos mil puertorriqueños abandonarán la isla entre 2020 y 2020 para buscar mejores oportunidades en otros lugares. No estoy seguro de que la palabra "magnificar" haga justicia a este cambio; es una amplificación épica de un problema que ya de por sí es grave. Todo esto significa que habrá menos recaudación de impuestos, menos actividad de consumo, menos demanda de vivienda, menos demanda de servicios, menos dinero para infraestructuras y otros servicios públicos, y más dependencia de los pagos de transferencias federales. A su vez, significa que habrá muchos menos dólares circulando en la economía puertorriqueña, lo que debilitará aún más su efecto multiplicador. Para el movimiento estadista, los cambios tienen grandes implicaciones, porque muchos de los expatriados que ahora viven en los EE. UU. continentales estaban a favor de la estadidad cuando vivían en Puerto Rico. A medida que siga aumentando la tasa de desempleo en Puerto Rico, más puertorriqueños abandonarán la isla, y más consumidores se llevarán su dinero con ellos. Quedará menos dinero aquí para impulsar la economía.

Todas estas presiones alimentan la creciente sensación entre los puertorriqueños de que ha llegado el momento de tomar las riendas de su propio destino, ya sea mediante una "libre asociación" o la independencia. Los chinos probablemente estaban muy contentos con los resultados de las elecciones puertorriqueñas de 2020; el resultado solo acerca a la isla a la independencia y la aleja de la estadidad. Cuanto más profunda sea la división entre Puerto Rico y Estados Unidos, más influencia tendrá China. Y si el alejamiento de Puerto Rico de la estadidad continúa, la soberanía de la isla a través de la independencia podría convertirse en una realidad, y antes de lo que cualquiera de nosotros espera. Esto les daría a los chinos la oportunidad de incorporar a Puerto Rico a su Iniciativa de Franja y Ruta con inversiones masivas en infraestructura, préstamos, etc., lo que les permitiría infiltrarse en la última fortaleza de Estados Unidos de un modo sigiloso. Sería una tragedia geopolítica para Estados Unidos, que tendría devastadoras implicaciones económicas, políticas y de seguridad a largo plazo. Recordemos que China ya tiene una presencia importante en Sudamérica, Centroamérica y el Caribe. Puerto Rico tendría un impacto exponencial en su creciente control de la región. Sin embargo, puede que China no esté tan contenta con las elecciones en Estados Unidos continental, porque Biden y el Congreso demócrata han vuelto a poner sobre la mesa el plan de convertir a Puerto Rico en un estado.

Existen precedentes históricos de la actuación del Congreso para impedir la influencia extranjera en Puerto Rico. Con respecto a la cuestión de la ciudadanía estadounidense en 1917, se citó al senador Jones diciendo: "Es en interés estratégico nacional de los EE. UU. hacerlo porque ha costado muchas vidas y tesoros estadounidenses sofocar rebeliones en Cuba y Filipinas, y la ciudadanía estadounidense ayudará a pacificar ". ¿Por qué el Congreso estadounidense no adoptaría el mismo enfoque con respecto a la estadidad de Puerto Rico para impedir que China controle el Caribe? Deberían, y sigo creyendo que, con el presidente adecuado en la Casa Blanca, un Congreso que defienda los intereses nacionales, y con un Puerto Rico que por fin se dé cuenta de que EE.UU. los valora, todavía es posible. Entonces, todos los ciudadanos estadounidenses y las corporaciones de Puerto Rico pagarían su parte justa de impuestos y no se enriquecerían con los despilfarros fiscales que no son buenos ni para la seguridad nacional de Estados Unidos ni para el desarrollo económico de Puerto Rico.

Dicho esto, si la mayoría del pueblo puertorriqueño decide por su cuenta que no quiere la estadidad, respetaré su opinión y apoyaré cualquier camino que elijan. Para mí, un camino claro para la autodeterminación de Puerto Rico es primordial. Prefiero que Puerto Rico cometa sus propios errores a que se le imponga un estatus político cuando la mitad de la población no lo quiere. Eso sería una parodia.

No sé cuál será la relación de Puerto Rico con Estados Unidos en el futuro, pero una cosa es segura: el actual estatus colonial de Puerto Rico está en vías de desaparición. A menos que los dirigentes estadounidenses actúen pronto la independencia política de la isla es inminente. Estados Unidos debe decidir si quiere mantener su influencia en Puerto Rico o ceder su última fortaleza en el Caribe a una China en rápido ascenso.

En febrero de 2021, como parte de la Serie Transición 2020 del Consejo de Relaciones Exteriores de EE. UU. que examinaba las principales cuestiones a las que se enfrenta la administración Biden-Harris, un panel debatió el tema "Afrontar el desafío chino". Uno de los miembros del panel era Minxin Pei, politólogo chino-estadounidense experto en gobernanza en China, relaciones entre Estados Unidos y Asia y democratización en países en desarrollo. Estas fueron sus reflexiones cuando se le preguntó por los objetivos de la política exterior china:

> Veo tres cosas que impulsan la política china. Una es la percepción del declive estadounidense. Este ha sido un tema muy importante en la política exterior china. La segunda son las oportunidades percibidas... y destaco dos. La construcción de islas en el mar de la China Meridional es una de las zonas grises en las que vieron una oportunidad de hacer lo que quisieran sin graves obstáculos. Obviamente, se equivocaron. La otra es Franja y Ruta, que se no trata exactamente de infraestructuras, sino de la negligencia de

Occidente hacia los países en desarrollo. Y el tercer factor impulsor es realmente el propio [presidente chino] Xi Jinping. Es un hombre con un gran apetito por el riesgo, y ha tomado una serie de decisiones que no creo que su predecesor hubiera tomado.

¿Qué se obtiene cuando se combinan el interés menguante de Puerto Rico por la estadidad, la incapacidad de Estados Unidos para actuar en el mejor interés de la isla *o* en su propio interés por preservar un bastión estratégico crucial en el Caribe, *y* una China en ascenso con un nuevo líder audaz? En mi opinión, se trata de una tormenta perfecta. ¿Y cómo se prepara uno para una tormenta? Te aprovisionas, reúnes a todos y te refugias en un lugar fuerte y seguro. Puedes pedirles ayuda a los puertorriqueños. Se han vuelto expertos en sobrevivir a todo tipo de tormentas. De hecho, la residencia oficial del gobernador de Puerto Rico es La Fortaleza, en San Juan. Se construyó entre 1533 y 1540, mucho antes de que Estados Unidos se convirtiera en un país. Quizá sea momento de visitarla.

Epílogo

Asociación Libre y "con la Mancha de plátano"

LAS COMUNIDADES ACADÉMICAS Y POLÍTICAS DE PUERTO RICO, Y hasta cierto punto de los Estados Unidos continentales, han teorizado mucho sobre cómo el misterioso estatus político de "libre asociación" funcionaría en la realidad. Para algunos, es la independencia con vigilancia constante de Estados Unidos.. Para otros, no es más que un "Estado Libre Asociado mejorado". La mayoría se queda rascándose la cabeza y se aleja confundida.

Si acaban de leer mi libro, probablemente se habrán dado cuenta de que creo que el pueblo de Puerto Rico solo tiene dos opciones en su búsqueda de la soberanía, es decir, si realmente quiere dejar de ser una "posesión" estadounidense (tal como la definen las decisiones del Tribunal Supremo). El pueblo de Puerto Rico debe elegir entre la independencia política y la estadidad. Por supuesto, todavía no hay garantías de que el Congreso de los EE. UU. respete la elección del pueblo puertorriqueño. Recordemos que los políticos estadounidenses tienen plenos poderes sobre esta decisión clave, lo que significa que Puerto Rico no es verdaderamente autónomo.

La posesión imperialista estadounidense de Puerto Rico y las implicaciones del estatus de colonia de la isla se pusieron de manifiesto recientemente con la gestión de la crisis de la deuda de la isla. La Ley de Supervisión, Gestión y Estabilidad Económica de Puerto Rico (PROMESA, por sus siglas en inglés) es una ley federal estadounidense que se promulgó en 2016 para establecer una junta de supervisión financiera, un proceso de reestructuración de la deuda y procedimientos acelerados para aprobar proyectos de infraestructuras críticas con el fin de gestionar la crisis de la deuda de Puerto Rico. A través de PROMESA, el Congreso estadounidense estableció y nombró una Junta de Control Fiscal (FCB, por sus siglas en inglés), para supervisar la reestructuración de la deuda de la isla. Los puertorriqueños llaman a la FCB "la junta", término que le resultará familiar a cualquiera que haya visto a un grupo militar tomar el control por la fuerza. Para empezar a pagar la deuda, el FCB aprobó un plan de austeridad fiscal para 2017-2026 que recorta profundamente el presupuesto de servicios públicos de Puerto Rico, incluidos recortes en sanidad, pensiones y educación. En mayo de 2017, con una deuda de 123 000 millones de dólares del gobierno de Puerto Rico y sus corporaciones, el FCB solicitó el nombramiento inmediato de un juez federal para resolver el "del caso de bancarrota más grave de la historia del mercado de bonos públicos estadounidense".

Hace cien años, muchos países imperialistas poseían colonias. Estuve hablando con el representante Newt Gingrich sobre este tema allá por los años noventa, justo antes de que se convirtiera en presidente de la Cámara de Representantes. Estábamos en Atlanta, y recuerdo claramente sus palabras: "Hoy en día. Estados Unidos es el único país del mundo que todavía supervisa una importante colonia: Puerto Rico. Y eso es una vergüenza. Hasta la Unión Soviética renunció a sus colonias".

Pero si Puerto Rico opta por la independencia pura, sin ninguna ayuda de Estados Unidos, corre un gran riesgo. Podría irle muy bien, pero siempre existe la posibilidad de que se convierta en el próximo Haití. Aquí es donde entra en juego el misterioso concepto de "libre asociación". La relación de "libre asociación" se podría describir como "juntos pero no revueltos". En otras palabras, Puerto Rico dejaría de ser una colonia o posesión estadounidense. Sería una nación independiente, pero seguiría manteniendo relaciones comerciales con Estados Unidos.

Si en un futuro próximo se celebrara un referéndum sobre el estatus político de Puerto Rico, cosa que espero sinceramente que ocurra, me gustaría ver dos opciones en la papeleta:

1. Independencia con "libre asociación"
2. Estadidad

La estadidad es una opción sencilla que todo el mundo puede entender. O Puerto Rico se convierte en la quincuagésima primera estrella de una bandera estadounidense o no. Sencillo. Pero la "libre asociación" comienza con una lista de deseos que debe ser aprobada en primer lugar por el Departamento de Justicia de EE. UU., en segundo lugar, a través de un referéndum en Puerto Rico, y en tercer lugar por el Congreso de EE. UU. y la Casa Blanca. En Washington, todo eso se describiría como una "carga pesada". Por definición, la "libre asociación" sería una relación contractual (un tratado) entre la nación soberana de Puerto Rico y los Estados Unidos de América. Este acuerdo formalmente concluido y ratificado entre los dos países podría estar conformado por muchas ideas. He aquí mi lista de deseos para el tratado de "libre asociación" entre Puerto Rico y los Estados Unidos:

1. Puerto Rico debe tener soberanía a través de la independencia política con exención contractual de la Ley Jones y la capacidad de participar libremente en tratados comerciales con el resto del mundo sin la aprobación del Congreso de EE. UU. o la Casa Blanca. La única excepción, por supuesto, serían los tratados con China y sus filiales.
2. Puerto Rico debe contar con un apoyo económico continuado de EE. UU. al menos igual al nivel actual, con disminuciones graduales a medida que crezca la economía de la isla. Debería haber una cláusula de renovación de treinta años basada en el progreso económico.

3. Debe concederse la ciudadanía estadounidense garantizada e instantánea a todos los recién nacidos en Puerto Rico, siempre que se superen los obstáculos legales básicos. Si estos obstáculos no pueden superarse, entonces a los puertorriqueños recién nacidos se les dará el estatus de nacionales con acceso irrestricto al territorio continental de EE. UU.
4. Si se consigue la ciudadanía estadounidense, entonces Puerto Rico no tendrá voto en las Naciones Unidas, ya que no puede permitirse que un grupo de ciudadanos estadounidenses vote en contra de otro.
5. Puerto Rico mantendrá un representante sin voto en el Congreso de EE. UU.
6. Puerto Rico tendrá protección militar estadounidense continua, junto con la gestión por parte de Estados Unidos del sistema nacional de correos, aduanas y otros sistemas nacionales.
7. Puerto Rico gozará de ventajas fiscales especiales para atraer a empresas estadounidenses, pero el estatus de paraíso fiscal del que gozan actualmente muchas CFC estadounidenses tendrá una "cláusula de caducidad". El gobierno de Puerto Rico debe ser capaz de recaudar impuestos justos de todos los participantes en su economía, de modo que disponga de fondos suficientes para construir infraestructuras y cuidar a su población.

¿Cómo se pueden lograr estas cosas? He aquí un esquema básico de los pasos a seguir, tal y como yo los veo:

1. Crear una organización sin ánimo de lucro 501(c)(4) con el fin de que el Departamento de Justicia, el Congreso y la Casa Blanca aprueben la lista anterior. Esta organización sin ánimo de lucro contrataría abogados, consultores, grupos de presión y otras personas para impulsar estas cuestiones a través de las tres ramas del gobierno estadounidense.

2. Desarrollar un sistema para financiar este trabajo. Esto debería permitir donaciones tanto de simpatizantes en general como de contribuyentes estadounidenses.
3. Involucrar al gobierno de Puerto Rico como socio en el proceso.

A continuación, el proceso pasaría por estas tres etapas:

1. Solicitar la aprobación del plebiscito al Departamento de Justicia estadounidense.
2. Celebrar un plebiscito o referéndum no vinculante en Puerto Rico con una papeleta que ofrezca dos opciones: la estadidad o la independencia a través de la "libre asociación".
3. Suponiendo que se haga una elección clara, apoyada por al menos el 60 % de los votos puertorriqueños, presionar al Congreso de EE. UU. para que ponga en práctica la elección de Puerto Rico.

Si este proceso tiene éxito, Puerto Rico sería descolonizado, independientemente de la opción que gane el referéndum. Eso solo ya sería una gran victoria para la isla.

Hay muchas personas calificadas que pueden desarrollar los detalles del esquema básico que he creado. Se trata simplemente de iniciar la conversación y el proceso de descolonización. ¿Y el costo de todo esto? En mi opinión, es una miseria comparada con lo que supone para el pueblo de Puerto Rico. He aquí mi desglose de costos: calculo entre tres y cinco años de trabajo a un costo mensual de alrededor de 200 000 dólares para pagarles a los grupos de presión, expertos, abogados, administradores y otros. Esto debería ser pagado de forma privada, a través de la organización sin fines de lucro que sugiero formar al principio del proceso. Cualquier ayuda gubernamental sería financiada por los contribuyentes. Estimo que el gasto total de dinero privado sería de unos 12 a 15 millones de dólares, además de las contribuciones de campaña. ¿Esto significa que el "movimiento de libre asociación" necesita reclutar a un montón de gente rica para apoyar financieramente este proyecto? Puede que sí, pero hoy en día la financiación de las campañas va más allá del tradicional benefactor adinerado que busca alguna recompensa personal a cambio de su contribución. Hoy en día, con 50 000 dólares se puede poner en marcha una campaña de contribuciones de base a través de las redes sociales; esta podría aportar muchos millones de dólares que se depositarían en la organización sin ánimo de lucro 501(c)(4), que a su vez luego impulsaría el movimiento por la soberanía de Puerto Rico.

Hay diez millones de puertorriqueños entre la isla y el territorio continental de Estados Unidos. Si solo 240 mil de ellos (es decir, sólo el 2.4 %) contribuyeran con 10 dólares por año a este proyecto, estaría totalmente financiado. Pero, ¿cómo conseguir los primeros 50 000 dólares sin atraer a los peces gordos que querrán controlar el proceso? Bueno, si yo fuera un conductor de Uber y en el fondo de mi corazón realmente quisiera la soberanía para Puerto Rico, buscaría a un amigo que trabajara para una empresa de marketing para redes sociales con las mismas creencias. Luego, entre los dos, encontraríamos a un contador, un abogado y una persona de ventas y marketing que también pensaran lo mismo. Así que tendríamos cinco adeptos comprometidos, pero sin dinero. Si cada uno saliera en busca de cuatro adeptos más, independientemente de sus ocupaciones, tendríamos veinticinco. Como todos tienen buenos trabajos, cada uno podría ir a un cajero automático y sacar 2000 dólares y enviarlos al 501(c)(4). ¡Y listo! Ahí tienes el capital inicial para que el dinero empiece a fluir.

He hablado mucho en *America's Last Fortress* sobre cómo cualquier cambio de estatus debe comenzar con el pueblo de Puerto Rico. Es imperativo que todas las decisiones sobre el futuro de Puerto Rico estén en sus manos, no en las de las grandes corporaciones y políticos de Estados Unidos. Esto no es negociable. Hay un dicho en Puerto Rico, donde los plátanos son un cultivo importante y fuente de alimento, que dice "con la mancha de plátano". Se refiere a la mancha persistente que la savia del plátano deja en las manos de los agricultores cuando se recoge la cosecha. Para el pueblo de Puerto Rico la frase es un grito nacional que significa que somos puertorriqueños y estamos orgullosos de nuestra cultura y nuestra tierra, tan bellas como únicas. La mancha de plátano es imposible de quitar, igual que el amor que los puertorriqueños sienten por su país.

Agradecimientos

QUIERO DAR LAS GRACIAS A KATHY MEIS Y A TODO EL EQUIPO DE Bublish, Inc. Su trabajo editorial es magnífico; logran que un manuscrito cante como Pavarotti. Si alguna vez quieras publicar un libro, llama a Kathy y a su equipo. Te ayudarán a publicar de forma profesional y, cuando tengas el libro en la mano, dirás: "¡Wow!", tal como lo hice yo.

Sobre el autor

ALEXANDER ODISHELIDZE, RUSO-GEORGIANO NACIDO EN BELGRADO (Serbia), sobrevivió a la ocupación nazi de Yugoslavia y al Holocausto. A pesar de perder a su familia y ser enviado a campos de refugiados en Europa, Odishelidze se convirtió en un hombre fuerte, inteligente y decidido. Emigró a Estados Unidos sin saber inglés, sin amigos y con solo veinte dólares en el bolsillo, y fue reclutado por el ejército estadounidense; entrenó en Alaska y se convirtió en un esquiador profesional. Pero sus sueños y ambiciones cambiaron.

Al dejar el ejército, Odishelidze empezó su carrera en servicios financieros y se convirtió en el director general más joven de una prestigiosa operación de servicios financieros de MONY en Manhattan, Nueva York. En 1971, dirigió operaciones de seguros y valores en Puerto Rico, hasta que Aetna las compró en 1985. Fundó Eba, Inc. en 1979, una filial de consultoría, que continuó en Puerto Rico, y luego en 2008 creó una consultoría financiera y política, Omanagement, LLC, para sus operaciones en Estados Unidos continental. Es un gurú en su campo, escribe columnas, boletines y libros sobre finanzas. Odishelidze y su esposa, Odette Bouret, dividen su tiempo entre sus casas de Florida, St. John y Colorado.

Sobre Carlos A. Chardón

NACIDO EN VENEZUELA DE PADRES PUERTORRIQUEÑOS Y CRIADO en diversas partes del Caribe, **Carlos A. Chardón** ha desarrollado una carrera multifacética en el mundo académico y la administración pública. Se formó en la Universidad de Siracusa y empezó su carrera como profesor en la Universidad de Puerto Rico antes de ser reclutado por el gobernador Luis A. Ferré como ayudante y más tarde presidente de la Junta de Vivienda Pública. A lo largo de su carrera, Chardón ha desempeñado un papel crucial en la configuración de la política educativa y las estrategias de vivienda pública de Puerto Rico.

En la década de 1970, Chardón fue nombrado secretario de Educación de Puerto Rico. Su mandato estuvo marcado por cambios transformadores, como la reestructuración de las oficinas locales y los programas de reciclaje profesional. También contribuyó significativamente al sector cultural del país, ya que presidió el Instituto Puertorriqueño de Cultura y participó en el Festival Casals.

Más tarde, Chardón se trasladó al sector privado, donde se centró en el desarrollo urbano, convirtiendo edificios corporativos abandonados en viviendas de la Sección 8. Volvió a trabajar para el gobierno federal como director caribeño de la Administración de Pequeñas Empresas, donde mejoró los procedimientos de préstamo, lo que llevó a un aumento espectacular del número de préstamos concedidos en la región.

Chardón también ha sido director ejecutivo del Partido Republicano de Puerto Rico, abogando por la estadidad y apoyando a los republicanos puertorriqueños en Florida. Volvió brevemente al servicio público como secretario de Educación en 2009 y como subsecretario de Estado para nuevos programas.

Actualmente, Chardón está terminando un libro sobre Puerto Rico en la década de 1920 y planea escribir otro sobre la década de 1930. Ambos honrarán el legado de su padre, Carlos E. Chardón, como figura significativa de la historia de Puerto Rico.

Pies de foto

1. Yo, el presidente Joe Biden, Luis Costas, Kenneth McClintock y Carlos Chardón
2. La senadora Hillary Clinton y yo
3. Yo junto al vicepresidente Al Gore y otros durante el almuerzo
4. Yo y el general Wesley Clark
5. El representante Steny Hoyer, Odette y yo
6. Odette, la representante Loretta Sanchez y yo
7. Yo, Odette, Howard Hills, el representante Bob Lagomarsino y su esposa Norma
8. Yo y el senador Jim Inhofe
9. Yo y el senador Trent Lott
10. El presidente Clinton, yo y otros
11. Yo, el fiscal general Richard Thornburgh y el teniente general Félix Santoni
12. Yo en una firma de libros
13. Yo como instructor de esquí y la representante Carolyn Maloney con su familia
14. Yo y Harvey Keitel
15. El senador Jay D. Rockefeller y yo
16. La fiscal general Janet Reno, yo y un invitado
17. Odette, yo, el representante Bob Lagomarsino y su esposa Norma. La esposa del exjefe de la OPIC, la Sra. Lura Hills,

y la abogada Melba Figueroa en su casa del Viejo San Juan, Puerto Rico
18. Yo, la Sra. Vicky Kennedy y el senador Ted Kennedy
19. El senador Tom Daschle y yo
20. El representante Dick Gephardt y yo
21. El representante Paul Cook y su esposa con Odette y yo

Recuadros

Recuadro 1: Puerto Rico vs. Hawái

A MENUDO, SE USABA A HAWÁI COMO EJEMPLO PARA DEMOSTRAR que, si Puerto Rico se convertía en un estado de EE. UU., daría lugar a empresas locales más rentables y a una economía más estable en la isla caribeña. En 1960, el año en que Hawái se convirtió en el quincuagésimo estado de EE. UU., tanto Puerto Rico como Hawái contaban con alrededor de diez mil habitaciones de hotel. En la actualidad, Hawái tiene con más de cien mil, mientras que Puerto Rico sigue teniendo la misma cantidad que antes. Basta con pasear por las principales zonas turísticas de cada isla para ver el fuerte contraste de estas dos economías. Mientras que la economía de Hawái ha crecido considerablemente desde los años sesenta, la de Puerto Rico se ha estancado, y su estatus territorial no ayuda.

Con China expandiéndose en el Caribe, resultaría oportuno que Estados Unidos convirtiera rápidamente a Puerto Rico en el estado número 51, como hizo con Oklahoma, Alaska y Hawái por razones similares. Los habitantes de esos territorios no tuvieron la oportunidad de ejercer los privilegios de la "autodeterminación" porque no los tuvieron, al igual que Puerto Rico. Esos territorios nunca "eligieron" su condición de estado; el Congreso simplemente los convirtió en estados porque era lo conveniente para Estados Unidos. Por supuesto, los tiempos han cambiado. Puerto Rico jugará un papel en la determinación de su estatus, y la estadidad podría no ser la opción elegida. Sin embargo, Hawái representa un ejemplo de éxito económico que el Congreso y los puertorriqueños deberían estudiar durante su proceso de toma de decisiones.

Recuadro 2: Los impuestos y tu pana

He sido auditado tanto por el gobierno federal de los EE. UU. como por el gobierno de Puerto Rico. Las dos experiencias no podrían ser más disímiles. En EE. UU., lo primero que hay que recordar es asegurarse de declarar todos los ingresos en la declaración de impuestos. Cada deducción debe tener una base legal que la respalde. Cuando el agente del Servicio de Impuestos Internos (IRS, por sus siglas en inglés) se esté seguro de que no estás infringiendo la ley, hablará contigo o con tu contador de la "razonabilidad" de deducción y su base legal. En mi experiencia, el IRS ha sido muy útil para resolver problemas, pero solo con las personas que colaboran. Es una experiencia bastante predecible.

En Puerto Rico, llamo al proceso de auditoría fiscal "¡Ay, bendito!".

El proceso es el siguiente: tu contador se reúne con el examinador fiscal y pasan por el ritual de hablar sobre los familiares y amigos que pueden tener en común, luego hablan sobre las interacciones personales que pueden haber tenido todas las partes implicadas: el examinador, tú y tu contador. El propósito determinar si el examinador fiscal podría ser tu pana. El término "pana" es confuso. Significa fruta del árbol del pan. Pero el significado moderno de pana surgió durante la ocupación estadounidense de Puerto Rico en 1898. Al parecer, muchos de los soldados ocupantes eran del sur de EE. UU. y llamaban a sus amigos "socios". Cuando se pronuncia "partner" con acento sureño, suena como "pana". Con el tiempo, pana se convirtió en la persona que te cuidaba cuando necesitabas ayuda. ¿Necesitas un préstamo? Busca a tu pana en el banco. ¿Cometiste una infracción de tránsito? Necesitas un pana en el departamento de policía. ¿Buscas un permiso para construir tu casa? Asegúrate de encontrar un pana en el departamento de vivienda.

Y, por supuesto, cuando te hagan una auditoría, necesitarás un pana en la Hacienda, la versión puertorriqueña del IRS. Por eso, mientras tú y tu contable hablan de cosas triviales con el examinador de Hacienda, siempre están buscando puntos en común para establecer esa relación de pana. Después de ese ritual, la conversación podría ser así:

"Después de un examen exhaustivo", dice el examinador fiscal, "descubrimos que su cliente nos debe 100 000 dólares".

"¡Ay, bendito! ¿Cómo ha llegado a esa cifra?", responde tu contador.

"Bueno, como su cliente es un destacado profesional o empresario", continúa el examinador, "podríamos hacer una excepción y rebajar esa cifra a 50 000 dólares".

"Eso suena mejor", responde tu contador. "Pero, *¡ay, bendito!* La madre de mi cliente está en el hospital. No está prestando mucha atención al negocio. Los beneficios son escasos y los gastos médicos de su querida madre son elevados. Realmente ayudaría si pudiéramos pagar $5000".

"¿Qué tal 10 000 $?", dice el nuevo pana de tu contador

"Trato hecho", dice tu contador. "¡A darle caña!".

Obviamente, esto es una burda exageración del proceso de auditoría fiscal en Puerto Rico. Pero ilustra la diferencia entre el enfoque muy personal de la isla y el enfoque estrictamente legal de las auditorías fiscales en Estados Unidos.

Muchos puertorriqueños adinerados son muy reacios a abandonar el enfoque "¡ay, bendito!" de la isla. Sin pana*s*, la vida sería mucho más complicada para la mayoría de los puertorriqueños, especialmente para los ricos. Esta es una de las razones por las que muchos puertorriqueños ricos no quieren pasarse al sistema federal de impuestos y auditorías del IRS estadounidense.

Una razón más importante, es que, según el código fiscal de la isla, no existen "impuestos de sucesiones" sobre las propiedades de Puerto Rico. Y si las propiedades de EE. UU. se mantienen bajo LLC puertorriqueñas entonces también podrían considerarse propiedades locales. Hoy en día, bajo el código de impuestos federales del IRS, cualquier patrimonio que supere los 20 millones de dólares debe pagar un impuesto del 40 %. Hace unos años, un patrimonio superior a 600 000 debía pagar el 50 %. Por eso, puertorriqueños ricos no quieren ceder la mitad de su patrimonio al gobierno federal de EE. UU., que es lo que ocurriría si Puerto Rico se convirtiera en un estado.

Recuadro 3: Auge y caída en Puerto Rico

Hay pasajes en *America's Last Fortress* que sugieren que algunos puertorriqueños ricos han apoyado públicamente un cambio de estatus de la isla, mientras que en privado se oponen a ello, principalmente debido a posibles cambios en la ley que ya no protegerían su riqueza de los impuestos. No soy el único que piensa esto. *Boom and Bust in Puerto Rico* (*Auge y caída en Puerto Rico*), escrito por el columnista del San Juan Star Alex W. Maldonado, salió a la venta en agosto de 2021. Maldonado, un antiguo colega mío de época en el periodismo, ha escrito el mejor relato histórico sobre la formación del Partido Popular Democrático (PPD), o Partido del Estado Libre Asociado, que apoya el mantenimiento del estatus actual de la isla.

El libro también cuenta la historia de la fundación del PPD por el gobernador Muñoz Marín y la formación del Partido Nuevo Progresista (PNP), el partido opositor que apoya la estadidad (al menos en teoría), por Luis A. Ferré. En la década de 1950, Ferré era el hombre más rico de la isla. Desde sus comienzos, Ferré declaró públicamente que el estatus de estado libre asociado debía ser solamente un peldaño hacia la estadidad. Se inició en la política en 1952, cuando fue elegido miembro de la Cámara de Representantes de Puerto Rico. En 1967, Ferré vio la oportunidad de impulsar su carrera política durante el primer plebiscito sobre el estatus político de la isla. Aunque la opción del estado libre asociado del PPD ganó ese año, Ferré utilizó el plebiscito para movilizar las fuerzas estadistas y establecer una nueva entidad política, el Partido Nuevo Progresista (PNP). En 1968, Ferré se presentó en las elecciones a gobernador de Puerto Rico como candidato del PNP y ganó en una reñida contienda. Su victoria marcó el final de veinticinco años de dominio político del PPD. A partir de ese momento, el PNP y el PPD se disputarían el apoyo del pueblo puertorriqueño.

Lo que he insinuado, y Maldonado ha apoyado en su libro, es que cuando la estadidad estuvo a punto de convertirse en realidad en el plebiscito de 1967, Ferré y su gente estaban trabajando silenciosamente en contra de la causa, incluso mientras hacían campaña pública a favor. Es una afirmación atrevida pero, como ya he dicho, no soy el único que la sugiere. He aquí un extracto del libro de Maldonado, *Boom and Bust in Puerto Rico*:

> Cuando se organizó el Partido Nuevo Progresista... no había ninguna duda de que tenía una misión. Muchos de los jóvenes líderes siempre habían expresado dudas sobre si la "vieja guardia" republicana estadista, la mezcla de políticos profesionales que vivían de sus salarios legislativos y los empresarios reaccionarios estaban realmente comprometidos con la estadidad. Algunos incluso dudaban del propio Ferré. ¿Por qué querría un puertorriqueño rico cambiar a un estatus en el que tendría que pagar todos los impuestos federales? ...Para muchos otros, líderes y miembros del Partido Popular Democrático, no estaba claro qué cambiaría. Ferré, después de todo, intentó atraer a los votantes del PPD, partidarios del ELA, con la promesa de que votar por él no era votar por la estadidad.

Aunque no estoy de acuerdo con todo lo que Maldonado dice en su libro, es una lectura obligada para cualquiera que tenga interés en el desarrollo del actual sistema político de Puerto Rico y su impacto en el progreso económico de la isla.

Recuadro 4: Es hora de que los votantes latinos de EE. UU y el Congreso despierten

Quienes no forman parte de la comunidad latina de Estados Unidos podrían asumir que todos los latinos de América están preocupados por el estatus de Puerto Rico. Después de todo, la historia del estatus está marcada por la discriminación y el trato injusto, temas con los que los hispanos de EE. UU. están muy familiarizados. Teniendo esto en cuenta, uno podría pensar que la lucha por el estatus de Puerto Rico podría unir a los latinos de Estados Unidos. Por desgracia, nada está más lejos de la realidad.

Según el Pew Research Center, los temas más importantes para los votantes hispanos en las elecciones presidenciales estadounidenses de 2020 fueron la economía, la salud y la pandemia del COVID-19. La política exterior ocupaba el penúltimo lugar de la lista. Y, por supuesto, la inmigración está siempre en primer plano.

Aunque los puertorriqueños de los Estados Unidos comparten muchas de estas mismas preocupaciones, hay una gran diferencia: el estatus político de Puerto Rico es uno de los temas más importantes a la hora de votar. Según una encuesta nacional realizada en 2020 a puertorriqueños del continente por el Center for American Progress:

> El estatus político de Puerto Rico influye claramente en las decisiones políticas de los que viven en el continente. Casi tres cuartas partes de los puertorriqueños en general dicen que sería más probable, en lugar de menos probable, que respaldaran a un candidato que esté a favor de la estadidad. Esto incluye al 77 % tanto de republicanos como demócratas, y al 69% de los independientes políticos. Del mismo modo, el 70 por ciento de los que inicialmente apoyaban opciones diferentes a la estadidad para Puerto Rico, dicen que probablemente apoyarían a un candidato a favor de la estadidad.
>
> Curiosamente, esta cifra general se eleva al 86 por ciento entre los puertorriqueños que estarían más dispuestos

a apoyar a un candidato a favor de la estadidad, si este aclara que "el pueblo de Puerto Rico tendría los mismos derechos que cualquier otro ciudadano estadounidense, y tendría cinco miembros del Congreso y dos senadores de los EE. UU. Que los representaría en Washington, D. C".

Se calcula que 5.8 millones de puertorriqueños viven en Estados Unidos, frente a los 3.2 millones que viven en la isla. Los puertorriqueños representan actualmente el 1.78 % de la población total de Estados Unidos y el 9.6 % de la población latina del país. Son el segundo grupo latino más numeroso de Estados Unidos, después de los mexicano-estadounidenses. Pero imaginemos que el poder de voto de toda la comunidad hispana de Estados Unidos, que supera los sesenta y dos millones, se alineara en torno a un cambio de estatus para Puerto Rico. *Eso sí* podría suponer un cambio real y duradero.

Si Puerto Rico se convirtiera en un estado de EE. UU., habría dos senadores y cuatro representantes latinos más, y la mayoría de ellos serían demócratas, como la mayor parte de los latinos se identifican políticamente hoy en día. Basta pensar en cómo ese cambio podría ayudar a promover temas clave para los latinos. Al momento de escribir este libro, en 2021, hay cuarenta y siete miembros en el Congreso 116.º de Estados Unidos que son latinos o hispanoamericanos: cuarenta están en la Cámara de Representantes y cuatro en el Senado. Los últimos tres miembros son delegados territoriales. Algunos ocupan puestos de liderazgo en sus cámaras, pero el congresista del territorio de Puerto Rico, llamado comisionado residente, no tiene voto excepto en su comité, y solo si su voto no resulta decisivo. En otras palabras, si vives en un territorio de Estados Unidos, no solo eres un ciudadano estadounidense de segunda clase, sino que también eres un legislador de segunda clase en el Congreso. Actualmente, la geografía determina el valor de la ciudadanía estadounidense y la influencia que un legislador puede tener entre sus colegas legisladores. Se trata de una discriminación racial clásica, como ilustran claramente los "casos insulares" que han impulsado las decisiones del Tribunal Supremo de EE. UU. sobre esta cuestión, pero ese es un tema para otro libro.

Como suele ocurrir en la política estadounidense, el dinero influye mucho en la legislación. Las corporaciones multinacionales estadounidenses les entregan a los miembros del Congreso contribuciones de campaña para fomentar la oposición a cualquier iniciativa que promueva la soberanía de Puerto Rico. La isla cuenta con más de trescientas Corporaciones Extranjeras Controladas (CFC, por sus siglas en inglés), la mayoría de ellas pertenecientes a las grandes farmacéuticas, muchas de las cuales tienen pocos o ningûn empleado en Puerto Rico. Aun así, pueden canalizar decenas de miles de millones de dólares de ganancias globales a través de sus filiales puertorriqueñas, con el fin de evadir la mayoría de sus obligaciones fiscales federales.

Es un buen negocio para estas empresas. Pero si el estatus de Puerto Rico cambia, este paraíso fiscal desaparecerá para estas corporaciones fantasma. Por eso los grupos de presión que representan a empresas en Washington D. C les han dado órdenes específicas a los líderes del Partido Demócrata: si algún miembro del Congreso decide postularse con la promesa de convertir a Puerto Rico en un estado, reducirán o eliminarán inmediatamente sus s contribuciones políticas multimillonarias.

Cuando se trata de la soberanía de Puerto Rico, el dinero manda... y mucho. Como expliqué en profundidad en mi libro *Pago a la Orden de Puerto*, la gran influencia de estas CFC multimillonarias impide que haya un debate honesto sobre cómo resolver la cuestión del estatus político de Puerto Rico, mientras estas empresas se llevan miles de millones todos los años y privan a los contribuyentes estadounidenses de importantes ingresos fiscales.

Permítanme compartir algunas historias personales para dejar claro este punto:

Durante las elecciones de 2020, estaba hablando con un amigo que se postulaba como senador de un estado con una gran población puertorriqueña. Le dije: "Si quieres ganar las próximas elecciones, ve a todas las emisoras de radio y televisión que atienden a puertorriqueños y diles que, si sales elegido, tu prioridad será hacer de Puerto Rico un estado".

Su respuesta fue: "Alex, si hago eso, el líder del Senado me matará porque solo se me permite decir: 'Apoyaré lo que decida el pueblo de Puerto Rico'".

Aquí todos podemos leer entre líneas. Las CFC, utilizando sus presupuestos enormes, lograrán distorsionar tanto el debate que un referéndum sobre el estatus en Puerto Rico no será concluyente. Lo han hecho una y otra vez. Si necesitas más pruebas, basta con echar un vistazo a cómo se estructuró el proyecto de ley Young y los resultados de los últimos diez referéndums.

Tuve una experiencia personal similar cuando invité a miembros del Congreso a esquiar cerca de mi casa en Vail, Colorado. Mi objetivo era conseguir apoyo para la descolonización de Puerto Rico. En uno de esos eventos participó el presidente de la Cámara de Representantes. Recuerdo sus palabras casi textualmente: "Alex, estás hablando demasiado de la estadidad. Recuerda que tenemos muchos millones en contribuciones de campaña de las CFC que operan en Puerto Rico, y si Puerto Rico se convierte en estado, perderemos esas contribuciones, y las necesitamos para ganar elecciones".

Su mensaje no podía ser más claro.

Esto no quiere decir que todos los miembros del Congreso tengan miedo de apoyar la descolonización de Puerto Rico. Conozco a muchos que han desafiado las advertencias de los grupos de presión y de sus propios partidos y se han convertido en paladines de la causa de Puerto Rico. Quizás el tiempo que pasé con algunos de ellos en las pistas de esquí tuvo algo que ver con su decisión de romper filas y hacer lo correcto. Me gustaría pensar que sí, y les rindo homenaje. Ojalá hubiera más valientes en el Congreso. Mientras tanto, la "colonia más antigua del Nuevo Mundo", Puerto Rico, deja que Estados Unidos se enorgullezca de ser *el último país del mundo* que sigue "poseyendo" una colonia importante, ¡una que ha mantenido más de 120 años! Esto parece más que hipócrita viniendo de una nación que se enorgullece de llamarse "la tierra de los libres, y el hogar de los valientes". Y no olvidemos quién se beneficia de todo esto además de las CFC: China, que observa en silencio, espera su momento y construye sin parar en el Caribe, Centroamérica y Sudamérica como parte de su ambiciosa Iniciativa de Franja y Ruta. El mayor adversario de Estados Unidos está esperando para atacar en el momento oportuno y tomar el control de "la última fortaleza de Estados Unidos".

Dentro de unos cincuenta años, cuando los historiadores repasen este periodo de declive en la historia estadounidense, ¿qué dirán de aquellos políticos que vendieron la seguridad estratégica a largo plazo de Estados Unidos a los chinos por unas míseras contribuciones de campaña que les permitieron disfrutar de otros dos o seis años en el Senado o en la Cámara de Representantes? En el futuro, quedará muy claro qué políticos se situaron en el lado correcto y en el lado equivocado de la historia a principios del siglo XXI, y los que antepusieron el dinero al país no saldrán bien parados. Por supuesto, esto significa que los estadounidenses seguirán escribiendo sus propios libros de historia dentro de cincuenta años, lo que parece cada vez más cuestionable. Algo para reflexionar.

Recuadro 5: "Quiero estar en América. ¡Todo es gratis en América!"

Cuando llegué a Estados Unidos a mis diecinueve años, luego de huir de los horrores de la Yugoslavia comunista y del Belgrado ocupado por los nazis, era el típico inmigrante idealista con los ojos muy abiertos, como salido de una película. Solo tenía 20 dólares en el bolsillo, pero estaba entusiasmado de estar por fin en la tierra de las oportunidades, una tierra que hacía millonarios a los que se atrevían a soñar y a trabajar duro. Creí en esa promesa con todo mi ser y, para mí, el sueño americano se ha hecho realidad.

Si en esa época alguien me hubiera dicho que me mudaría a Puerto Rico, me casaría con dos puertorriqueñas y tendría hijos en esta hermosa isla, me habría reído con incredulidad. Sin embargo, si hubieran añadido que me volvería un activista apasionado por la autodeterminación de Puerto Rico, les habría dicho que estaban totalmente locos. Pero la vida está llena de giros interesantes, así que aquí estamos.

Mi historia como inmigrante me ha dado una perspectiva única de la cultura rica y diversa de Puerto Rico. Su sociedad es más multicultural y europea que otras islas del Caribe. Además, considero que tiene una naturaleza pacífica. Quizá por eso nunca hubo una rebelión militar contra ninguno de sus colonizadores.

En general, las familias puertorriqueñas tienen valores conservadores, por lo que resulta un tanto sorprendente que la mayoría de los puertorriqueños hayan sido encasillados como demócratas, quizá debido a un sesgo más amplio sobre el voto latino. Tanto los republicanos como los demócratas, que creen que los escaños adicionales que Puerto Rico añadiría al Congreso irían a los demócratas, harían bien en recordar su historia. Los residentes de Hawái, que habían sido encasillados como republicanos, hoy son mayoritariamente demócratas. Los habitantes de Alaska eran vistos como demócratas y ahora son mayoritariamente republicanos. Las cosas cambian, y ninguno de los partidos políticos debería dar demasiada importancia a la idea de que la estadidad de Puerto Rico significará un cambio permanente en el equilibrio de poder del Congreso estadounidense.

Me parece que esta clase de estereotipos siguen siendo comunes en Estados Unidos, tanto dentro como fuera de la política. Desde mi punto de vista, los estadounidenses parecen estar atrapados en una especie de visión de la isla y de su gente sacada de un musical de Broadway de 1957. Sí, me refiero al icónico, multipremiado y entrañable *West Side Story*, que recientemente fue llevado a la pantalla grande nada menos que por la leyenda de Hollywood, Steven Spielberg. El primero de diciembre de 2021, justo antes del estreno de la película, el New York Times publicó un artículo interesante y provocativo sobre el lugar que ocupa *West Side Story* en la cultura estadounidense: Se llama "The Great 'West Side Story' Debate" (El gran debate sobre West Side Story), y explora las críticas de larga data que acusan al espectáculo original de estereotipar a los puertorriqueños. Me parece especialmente interesante la respuesta que dio Carina del Valle Schorske cuando un panelista sugirió que el compositor Leonard Bernstein amaba y admiraba la música latina y trató de incorporarla en su partitura:

> Estoy bastante familiarizada con una amplia variedad de ritmos latinos, y no oigo ni veo la influencia... salvo que cuentes el paso doble español en la azotea. Al menos alguien *intentó* hacer su tarea después de que [el letrista Stephen] Sondheim confesara que "ni siquiera había conocido a un puertorriqueño".

¡Auch! Si tienes tiempo, merece la pena leer el debate completo. La verdad es que *West Side Story* tiene muchas escenas y frases icónicas. ¿Quién puede olvidar la coreografía y la música de ·Quiero estar en América. ¡Todo es gratis en América!". Dan ganas de cantar y bailar, ¿no? Por desgracia, la frase reforzó un fuerte estereotipo del puertorriqueño que solo quiere aprovecharse del sistema, que aún persiste en Puerto Rico. Pregúntale a cualquier taxista puertorriqueño qué piensa de *West Side Story* y te lo dirá sin pelos en la lengua.

Además, basándome en mi experiencia viendo cómo Wall Street y las corporaciones estadounidenses utilizan Puerto Rico como paraíso fiscal, creo que *West Side Story* entendió todo al revés. Los puertorriqueños no son los que se aprovechan. Si muero y vuelvo a este mundo como dramaturgo o compositor de musicales, podría montar un pequeño musical llamado *Wall Street Story* sobre cómo las empresas y los grupos de presión estadounidenses han destruido repetida y deliberadamente el movimiento por la soberanía de Puerto Rico para llenarse los bolsillos con miles de millones de dólares que deberían haber ido a parar al Tesoro estadounidense. "Quiero estar en Puerto Rico. Todo es libre de impuestos en Puerto Rico". Bueno, el esquema rítmico no cierra, pero estoy trabajando en eso.

En realidad, en lugar de escribir la partitura musical yo mismo, tal vez La India podría lanzar una nueva versión de su canción "Ese hombre" y cambiar la letra sobre cómo su exnovio la maltrató por una letra sobre cómo EE. UU. maltrata Puerto Rico. Me gusta esa idea. O quizás Daddy Yankee, el exitoso cantante y compositor de reggaetón, podría sacar una segunda versión de su canción "Gasolina" que les recordara a los estadounidenses cómo los puertorriqueños pusieron en marcha la cultura estadounidense. Y, por último, está *In the Heights,* de Lin-Manuel Miranda, la adaptación cinematográfica de 2021 de su innovadora obra de teatro de 2008, ganadora de un Tony, anterior a su obra maestra de Broadway, *Hamilton*. En *In the Heights* al menos encontramos una representación multidimensional de la cultura latina-estadounidense, creada por un hijo de puertorriqueños. Los puertorriqueños tienen una rica historia de logros en Estados Unidos. Por nombrar algunos:

- Setecientos mil puertorriqueños han servido en las fuerzas armadas estadounidenses.
- Joseph Michael "Joe" Acabá fue el primer astronauta de la isla.
- Grandes talentos como Rita Moreno, Jennifer López, Ricky Martin y Mark Anthony proceden de Puerto Rico.
- Antonia Novello, puertorriqueña, fue la primera mujer hispana en convertirse en cirujana general de Estados Unidos.
- Sonia Sotomayor es la primera puertorriqueña que llega a ser jueza del Tribunal Supremo de Estados Unidos.

No sé exactamente cómo será la relación de Puerto Rico con Estados Unidos en el futuro, estoy seguro de una cosa: el actual estatus colonial de Puerto Rico está en vías de desaparición. Si los Estados Unidos no adoptan una perspectiva nueva y más realista de su importante vecino isleño y arreglan lo que está roto, hay muchas posibilidades de que "Amereeka" esté cantando una melodía muy diferente dentro de unas décadas, y lo más probable es que su ritmo sea más asiático que latino.

Me, President Joe Biden, Luis Costas,
Ken McClintock, and Carlos Chardon

Senator Hillary Clinton and Me

Me next to Vice President Al Gore and others at lunch

Me and General Wesley Clark

Representative Steny Hoyer, Odette, and Me

Odette, Representative Loretta Sanchez, and Me

Me, Odette, Howard Hills, Representative Bob Lagomarsino and his wife Norma

Me and Senator Jim Inhofe

Me and Senator Trent Lott

President Clinton, Me, and others

Me, US Attorney General Richard Thornberg,
and Major General Felix Santoni

Me at a book signing

"Ski Instructor" Me and Representative Carolyn Maloney and her family

Me and Harvey Keitel

Senator Jay D. Rockefeller and Me

Attorney General Janet Reno, Me, and guest

Odette, Me, Representative Bob Lagomarsino and his wife Norma. Wife of former head of OPIC, Mrs. Lura Hills and Melba Fugueroa Esq. at her home in Old San Juan, Puerto Rico

Me, Mrs. Vicky Kennedy, and Senator Ted Kennedy

Senator Tom Daschle and Me

Representative Dick Gephardt and Me

Representative Paul Cook and his wife with Odette and Me

www.ingramcontent.com/pod-product-compliance
Lightning Source LLC
Chambersburg PA
CBHW070631030426
42337CB00020B/3981